킹덤 코칭 스쿨

킹덤 코칭 스쿨

2022년 7월 19일 초판 인쇄
2022년 7월 26일 초판 발행

지은이 | 피터정, 한혜정, 윤수영 외 17인
교정교열 | 정난진
펴낸이 | 이찬규
펴낸곳 | 북코리아
등록번호 | 제03-01240호
주소 | 13209 경기도 성남시 중원구 사기막골로 45번길 14
　　　우림2차 A동 1007호
전화 | 02-704-7840
팩스 | 02-704-7848
이메일 | ibookorea@naver.com
홈페이지 | www.북코리아.kr
ISBN | 978-89-6324-887-5(03320)

값 16,000원

kingdom coaching school

킹덤 코칭 스쿨

피터정, 한혜정, 윤수영 외 17인

북코리아

프롤로그

창밖을 내다보면서 가장 먼저 떠오르는 단어가 있다면 그것은 무엇일까? 여러 단어들 가운데 하나는 '속도'라는 단어일 것이다. 요즘에는 세상 문화의 속도가 너무나도 빨라서 이제 더 이상 기독교 문화가 세상의 문화를 아우르지도 혹은 뒤쫓아가지도 못하는 수렁에 빠져 있는 상황을 볼 수 있을 것이다. 앞으로 한 사회와 한 국가를 이끌어갈 미래의 리더들은 과연 이러한 상황 가운데서 어떠한 리더십을 장착해야 할까? 아마도 그 시대가 요구하는 사회적 및 문화적인 장벽을 뛰어넘을 매우 탄력적인 리더십이 요구될 것이다.

변화하는 시대에 예전의 리더십을 고집한다는 것은 어쩌면 미련스럽게 보일 것이다. 지금은 탈권위적 리더십과 섬김의 리더십 그리고 상대방을 세워주고 잠재력을 찾도록 돕는 변혁적 리더십의 역할이 더욱 요구되는 시대다. 다시 말해서, 이는 리더십의 유형도 문화의 변천에 따라 옷을 갈아입고 있다는 증거다.

이러한 변화의 시대에 서구의 많은 나라들은 물론이고 이제는 한국도 복음에서 점차 멀어져가고 있는 것 같다. 예배 참석에는 소극적이며, 복음에는 냉담하고, 교회에서는 아예 행방불명된 성도들이 점차 늘어만 가고 있는 실정이다. 이때 누군가 "인생의 어느 시기에 가장 순수하게 뜨거운 믿음을 가질 수 있을까?"라고 묻는다면, 필자는 당연히 "그때는 바로 청년의 때"라고 말하고 싶다. 비록 그때의 믿음이 다양한 색채를 가질 수는 있지만, 왕성한 힘과 무한한 가능성을 지닌 청년의 때는 무엇을 하든지 언제나 하나님께서 영광 돌리는 시간이 될 수 있기 때문이다.

그렇다면 과연 청년의 시기에는 인생의 목표를 어디에 두어야 할까? 이는 매우 중요한 질문이다. 청년의 시기에 품게 되는 개인적인 인생의 목표야말로 전 생애에 걸쳐 그 영향력을 미치기 때문이다.

이에 캐나다에 본부를 둔 '글로벌코칭리더십협회'(GCLA)에서는 탁월한 코치 20명을 중심으로 이 땅의 청년들에게 《킹덤 코칭 스쿨》을 통해 성경책 가운데서 리더십 책이라 불리는 '신명기'와도 같은 역할을 하려고 한다. 즉 이 시대의 젊은이들이 시대를 직시하고 하나님께서 허락하신 그 성경적 리더십을 갖추고 위풍당당한 예수님의 제자로서 거듭나서 이 혼돈의 세상을 이끌 탁월한 리더로서 충분히 준비될 수 있도록 돕고자 《킹덤 코칭 스쿨》을 준비했다.

공저자 피터정

웰컴 투 킹덤 코칭 스쿨

　　여러분은 아마도 아래의 '나의 인생지도'에서 볼 수 있는 것처럼 학창 시절을 열심히 달려오고 있을 것이다. 그리고 당신의 주변에는 먼 훗날 하나님과 함께 동행하면서 요셉과 다윗처럼 쓰임 받고자 하는 이들도 있을 것이다. 하지만 하나님께 쓰임 받기를 원하는 사람은 많아도, 하나님께서 선택해 사용하실 만큼 준비된 이들은 많지 않다. 왜 그럴까? 이는 아마도 대부분의 사람들은 쓸데없는 것에 집중하고 있기 때문이다.

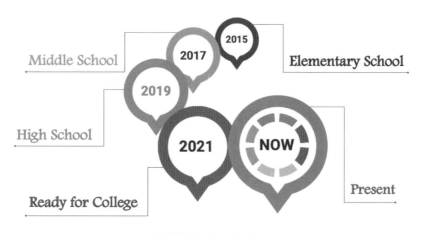

나의 인생지도(My Life Map)

인생에서 성공적으로 투자를 잘한다는 것은 어떤 의미가 있을까? 어린 시절부터 삶을 열심히 달려오고 있는 여러분은 학교생활과 여가 활동을 병행하면서 잘 준비하고 있을지도 모른다. 하지만 결론적으로 세상에서 가장 성공한 사람은 자신의 삶을 하늘에 투자한 사람이다. 이 세상의 삶을 세속적인 세계관에 맞추어 살아가는 것이 아니라, 하늘의 시각을 가지고 성경적인 세계관을 기준으로 잘 투자하고 살아가는 방법은 무엇일까? 그에 대한 명쾌한 '인생의 계획도'를 이곳 《킹덤 코칭 스쿨》에서 함께 설계하고 성령님의 도움으로 그 발걸음을 옮길 수 있도록 GCLA 소속의 탁월한 코치들이 조력자로서 함께할 것이다.

우선 《킹덤 코칭 스쿨》에서는 IGCLA 코칭 모델을 통하여 5단계로 '영적 지도(The Spiritual Map)'를 여러분과 함께 그려나갈 것이다. 이들 IGCLA 코칭 모델은 바로 Ice Breaking – Goal Setting – Circumstance – Leverage – Assurance의 약자다. 다시 말해서 Ice Breaking(관계형성 단계)은 서로 자신을 소개하고 자연스럽게 관계를 형성해가는 과정이다. 이어서 Goal Setting(목표설정 단계)에서는 삶 가운데서 꼭 성취하고 싶은 인생의 목표를 설정하는 단계다. 또한 세 번째 단계인 Circumstance(현재상황 단계)에서는 자신이 현재 어떠한 상황에 처해 있는지를 명확하게 인식하는 단계다. 네 번째 단계는 Leverage(선택행동 단계)이다. 명확한 인생의 목표를 가지고 자신의 상황을 파악한 뒤, 앞으로 어떠한 방법으로 그 목표를 이루고 나아갈지 선택하는 과정과 그것을 행동으로 옮기며 장애물을 제거하는 단계다. 마지막은 Assurance(확신 단계)다. 파트너 역할을 하게 될 탁월한 코치들이 계속해서 여러분이 선택하고 전진하려는 방향이 옳은지를 물을 것이다. 이에 그러한 질문에 답을 해가면서 하나님께서 허락하신 각자의 달란트를 찾아 올바르게 사용하고 숨겨져 있는 잠재력도 꺼내 쓸 수 있게 될 것이다.

이제 시작되는《킹덤 코칭 스쿨》에서 매 순간 조금씩 변해가는 자신의 모습을 관찰하길 바란다. 특히 혼돈으로 가득 찬 4차 산업혁명의 시대인 오늘도 하나님께서는 함께 일할 일꾼을 찾고 계심을 기억하길 바란다. 당신이 진정으로 새로운 피조물이 되어 앞으로 다가올 시대에 탁월한 영적 리더로서 우뚝 서고자 한다면, 지금 당당하게 그 발길을《킹덤 코칭 스쿨》로 옮기기를 바란다. 우리들은 물론이고 전능하신 하나님께서는 언제든지 당신을 환영하시기 때문이다.

글로벌코칭리더십협회 일동

CONTENTS

CHAPTER **1**

세계관을
확립하라

KINGDOM
COACHING

목표설정 단계(Goal Setting Stage)

현대의 크리스천은 교회는 존재하지만

기독교 정신은 상실된 시대에 살고 있다.

지금의 기독교는 어느 누구에게도 제대로 대접받지 못하고 있으며,

세상을 이끌어갈 힘도 전혀 없는 상황에 놓여 있다.

올바른 세계관의 부재는 정확한 판단력과 행동을 이끌어낼 수 없다.

세속적 세계관이 아닌 성경적 세계관으로

교회와 사회 모두를 바라볼 능력을 키워야 할 때다.

당신은 어떠한가? 당신의 인생 목표는 어디를 향하고 있는가?

그 삶의 목표가 과연 능력의 갑옷을 입을 준비가 되어 있는가?

1
시대를 직시하라

피터정 코치

파워 질문

- 지금의 시대를 한 단어로 표현한다면 무엇이라고 하겠는가?
- 이 시대에 진정으로 당신의 가슴을 뛰게 하는 것은 무엇인가?

험난한 이 시대를 직시하고 안갯속 같은 미래를 개척하기 위해 '킹덤 코칭 스쿨'에 참석한 청년들을 진심으로 환영한다. 이곳에서 당신은 혼돈의 소용돌이에 깊이 빠져있는 이 시대에 진정으로 당신의 가슴을 뛰게 할 참된 세계관과 리더십을 배우게 될 것이다.

대부분 사람들은 자신을 둘러싸고 있는 현실적 상황에 지배를 받게 마련이다. 21세기를 살아가는 이들 중에는 이러한 상황을 운명 혹은 숙명이라고 받아들이고 그에 순응하면서 조용히 삶을 꾸려나가는 이들이 많이 있다. 그렇다면 당신은 어떠한가? 당신도 주어진 환경에 순응하면서 인생을 살아가고자 하는지, 아니면 변화를 추구하고자 몸부림을 치고 있는지 궁금하다.

요즘 주변을 돌아보면 정말 '혼돈'이라는 단어를 생각하지 않을 수 없다. 혼돈은 영어로 'chaos'라고 하는데, 이는 "새로운 질서를 위해 반드시 거쳐야 할 과정"이라는 뜻이다. 지금의 우리 사회를 바라볼 때 가치관의 혼돈이 모든 이들의 삶 전체를 흔들고 있음을 감지할 수 있다. 성공주의와 물질만능주의는 물론이고 불안한 정치와 경제적 상황이 심각한 개인주의를 팽배시키는 결과를 가져왔으며, 특히 실용주의 혹은 다원주의라는 이름으로 각자의 기준이 최선의 삶의 기준이 되어버린 지 오래다. 더욱이 과학기술의 발달로 말미암아 발생하는 사회변동의 속도를 따라갈 수도 없는 상황이다. 이러한 시대에 무엇을 절대 기준으로 하고 최우선의 원리로 삼고 살아갈 것인지를 선택하는 것은 우리 모두에게 쉽지 않은 상황이 되어버렸다.

지금은 타종교도 구원의 길이 될 수 있다고 주장하는 이들이 적지 않다. 일부 크리스천마저 그 같은 목소리를 내고 있다는 데 심히 놀라지 않을 수 없다. 이들 중에는 길이요 진리요 생명 되시는 예수님이 이 세상을 창조하신 하나님의 아들이 아닌, 인류의 위대한 리더 중 한 명이라고 여기는 이들도 상당히 많다.

그러므로 크리스천 청년들은 확고한 성경적 가치관을 장착하고 있어야 한다. 세상의 어떠한 풍파에도 인생의 진리 되시는 예수님을 향한 분명한 자세를 가지고 있어야 한다는 것이다. 요한복음 21장을 보자. 여기에서는 예수님의 인격적인 모습을 아주 사실적으로 묘사하고 있다. 부활하신 예수님은 제자들과의 관계 회복을 위해 스스로 찾아오셨고, 제자들과 함께 식사를 마친 후 시몬 베드로에게 질문하신다. 주님이 베드로에게 "네가 이 사람들보다 나를 더 사랑하느냐?"(요 21:15)고 물었을 때, 그 질문은 베드로를 세상으로부터 회복시키고 치유하는 것은 물론이고 그의 세계관을 확고하게 붙잡아주고자 하신 것이다.

그러한 질문을 던지신 예수님께서 오늘 당신을 찾아와 똑같은 질문을 하신다면 어떠한 답변을 드릴 것인가? 실제로 그 질문은 당신의 삶을 무엇으로 채울 것인지를 물어보는 것이다. 왜냐하면 가치관의 혼돈이 난무하는 이 험난한 세상 가운데서 하나님의 은혜 없이는 모두가 늘 실패하고 낙망할 것이라는 사실을 아시기에 길이요 진리요 생명 되시는 자신만을 바라보면서 주님이 주시는 새 것으로 우리의 삶을 가득 채워 세상을 향해 날마다 승리하기를 원하시기 때문이다. 이것이 바로 성경적인 가치관이 말하고자 하는 핵심내용이 아니고 무엇이겠는가?

오늘밤 기도의 자리에서 주님이 당신에게 다가와 다음과 같이 물을 것이다. "네가 이 사람들보다 나를 더 사랑하느냐?" 이제 당신이 답변할 차례다. 당신은 무엇이라고 대답할 것인가? 우리의 모든 삶을 주관하시는 바로 그 주님께서 당신의 입술을 주목하고 계실 것이다.

지금의 시대적 상황을 나타내는 단어 3개를 고른 뒤 그 이유를 함께 나누기

지금은 구시대가 끝나고 새로운 시대가 다가오고 있는 시점이다. 특히 뉴노멀(New Normal)의 특징이 일상이 되고 있는 시대다. 이러한 때는 사회가 매우 혼란스럽고 불확실한 상황이 벌어지곤 한다. 특히 4차 산업혁명의 발달로 질서와 체계가 예고도 없이 바뀌고 있는 상황에서 시대의 흐름에 적절하게 대응하지 못할 경우에는 생존하기조차 힘들 것이다.

현재 가지고 있는 인식의 틀과 행동 양식의 변화 없이는 절대로 성공할 수 없을 것이다. 어쩌면 지금까지의 경험은 큰 자산이 아닐 수도 있다. 이렇게 불확실한 시대를 살아가는 이 시대의 청년들은 다가올 변화에 유연하게 적응하기 위해 지금의 시대적 상황을 정확하게 바라봐야 할 것이다. 그러지 않고서는 절대로 탁월한 미래의 길을 선택할 수 없을 것이다.

교육 특구	워킹맘	싱글대디	쓰리잡	스마트 시티	전자화폐	매트리스
보이스피싱	탄소 경제	평편지구	이모티콘	공감	1인 가구	공동체
싱글맘	디지털 혁명	지구온난화	공무원 시대	신캥거루족	스마트폰	집단 면역
웰빙	임금 절벽	소통	카카오 스토리	인스타그램	엄지족	마이크로칩
그루밍족	팬데믹	페이스북	이케아 세대	강남 키즈	먹방	재택근무
커밍아웃	N포 세대	동성애	초식남	경제 자살	취업 절벽	백신
드라이브 스루	언택트	미래 산업	비대면 수업	사회적 거리	미세먼지	전자투표
미투 운동	재난지원금	10대 투표권	청년 실업	이민 세대	젠더 이슈	페미니즘

빅테크 회사들은 우리 사회에 어떠한 영향을 미치고 있을까?

'빅테크(Big Tech)'는 금융 관련 언론 및 국제기구에서 금융서비스 또는 금융상품과 매우 유사한 상품을 직접 제공하는 거대 기술 회사로서 주력 사업인 IT뿐만 아니라 금융 등 광범위한 산업으로 사업 분야를 확장하고, 전세계 고객을 대상으로 상품 및 서비스를 제공하고 있다.

최근 20년간 빅테크는 신생기업에서 시장지배력을 가진 기업으로 빠르게 성장하여 현재 시가총액이 금융 회사보다 높다. 또한 빅테크 기업들은 플랫폼 가입자 풀과 기술력을 바탕으로 무점포 그리고 비대면 접근이 유리하다는 점에서 상당한 경쟁력이 있다. 또한 이들의 커진 파워는 독과점이라는 문제점을 야기하고 있는 실정이다.

'옥합을 깨뜨린 여인'(마 26:6-13)에 관한 이야기를 통해 무엇을 알 수 있는가?

마태복음 26장에서는 대제사장들과 장로들이 예수님을 향한 음모를 계획하는 장면이 나온다. 이 시각 예수님은 베다니 지역의 나병 환자인 시몬의 집에서 잠시 식사 시간을 갖게 된다. 이때 한 여인이 아주 귀한 향유 한 옥합을 예수님의 발에 붓는 사건이 일어난다.

그 여인으로서는 자신에게 찾아온 단 한 번의 기회를 놓치지 않고 헌신함으로써 그때가 아니었다면 향유를 부어 드릴 수 있는 기회를 얻지 못했을 것이다. 우리의 삶도 마찬가지다. 하나님께 받은 기회를 놓치지 말고 철저하게 헌신하는 자세를 갖고 살아가야 할 것이다.

⚲ 어떠한 프레임이 우리를 장님으로 만들고 있는가?(열하 6:17)

믿음은 인간의 한계를 벗어나는 과정이며, 보이지 않는 세상의 일을 인식하게 만드는 역할을 한다. 그러므로 눈에 보이는 상황이 전부인 것처럼 산다면 오히려 믿음의 세계를 잘 알지 못하는 것일 게다. 그래서 히브리서 11장 1절에서 "믿음은 바라는 것들의 실상이요 보지 못하는 것들의 증거"라고 말하고 있는 것이다.

엘리사처럼 믿음의 눈으로 볼 수 있으면 하나님께서 일하고 계신 것을 볼 수 있을 것이다. 이를 위해서는 기도의 삶에 게으르지 말아야 할 것이다. 도단성을 에워싼 아람 군사 혹은 우리 주변에 문제가 가득할지라도 엘리사의 사환인 게이사처럼 믿음의 눈을 뜨게 된다면 승리할 수 있을 것이다.

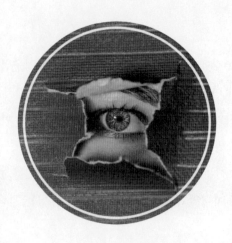

시대를 직시하고 패러다임에서 벗어나기 위해 무엇을 준비해야 할까?

　세상은 바라보는 시각에 따라 다르게 보이는 법이다. 일반적으로 모든 사람들은 '사고의 틀'이라 불리는 '패러다임'을 가지고 있다. 그러므로 어떠한 안경을 쓰고 있느냐에 따라 세상이 완전히 다르게 보일 수 있다. 따라서 자신을 가두고 있는 낡은 패러다임에서 벗어나면 세상을 다른 시각에서 볼 수 있게 될 것이다.

　그러므로 자신의 운명을 바꾸고 싶다면 우선 생각의 변화가 시작되어야 한다. 왜냐하면 참된 변화는 바로 인식의 변화에서 시작되는 것이기 때문이다. 올바른 인식의 변화 없이는 절대로 자신의 행동에도 변화가 없을 것이다. 이는 곧 자신의 인생마저 바꿀 수 있을 것이다. 지금 가지고 있는 자신의 생각과 행동에만 의존해서 계속해서 나아간다면 절대로 인생에서 발전과 성숙은 없을 것이다.

1. 이 혼돈의 시대가 당신에게 말하고 있는 것은 무엇인가?

2. 지금의 안경을 그대로 쓰고 평생 산다면 어떠한 삶을 예상하는가?

3. 영적인 세상을 보기 위해 당신이 당장 해야 할 세 가지가 있다면?

4. 오늘 당신의 영적인 눈이 열린다면 무엇을 보기 원하는가?

2
성경적 세계관을 장착하라

인영교 코치

파워 질문

- '성경적 세계관'이라는 단어가 주는 이미지에는 무엇이 있을까?
- 할리우드 영화를 떠올릴 때 어떠한 정서적 단어들이 떠오르는가?

지구상의 수억 명의 사람들에게 영향을 미치고 있는 문화 콘텐츠 중의 하나가 바로 '영화' 산업이다. 그리고 그러한 영화의 중심 역할을 하고 있는 곳이 바로 할리우드(Holly Wood)다. 그 할리우드에서 만들어 보급하는 영화에는 의도적이든 의도적이지 않든 세계관이라는 것이 담겨 있다.

한동안 할리우드에서 세계관을 담아 제작한 대표적인 영화들이 있다. 바로 마블(Marvel)사의 시리즈다. '캡틴 아메리카'를 시작으로 해서 여러 능력자가 모여 협력하는 어벤져스 시리즈가 대표적이다. 어벤져스로 시작한 마블사의 세계관 폭격은 '천둥의 신 토르', '닥터 스트레인지' 등을 지나 '샹치' 그리고 '이터널스'로 계속해서 진화하고 있는 모습이다. 그리고 지구상의 수많은 영화 팬이 아무 저항 없이 그런 세계관에 열광하고 의심 없이 받아들이고 있는 모습을 본다.

그러나 실상 많은 사람들이 열광하며 보는 이런 영화들은 뉴에이지적 혼합주의 세계관을 담고 있다. 인간의 능력을 극대화시키고, 나아가 신적인 존재로 그린다. 그리고 외계적 존재와의 협동과 공존을 통해 지구를 지키는 이미지를 각인시키고 있다. 문제는 더 이상 '신'이 필요하지 않다는 것이다. 소위 짝퉁 신들이 지구를 지키겠다고 나서는 모양새다. 그리고 우리는 그것을 처음에는 재미로 보다가 어느 순간 조금씩 설득당하고 있다.

이렇듯 거대한 세력이 자본과 문화를 통해 우리의 세계관에 침투해 들어오고 있는 시대를 살고 있다. 오늘날 우리는 총성 없는 영적인 전쟁에 맞닥뜨리고 있다. 그리고 어둠의 세력이 사용하는 가장 강력한 무기 중 하나가 바로 '세계관'이다. 우리가 인식하지 못하는 사이에 보이지 않는 전쟁이 벌어지고 있다. 그것도 엄청나게 치열하게 진행되고 있는 중이다. 더 심각한 문제는 크리스천조차 그 사실을 인식하지 못한 채 세계관의 노예로 살아가고 있다는 것이다. 성경에서도 분명히 우리의 전쟁은 눈에 보이지 않으나 분명히 실재하고 있고, 치열한 전쟁이라고 가르치고 있다. 다시 한번 강조하면, 그 전쟁이 바로 세계관 전쟁이요, 영적 전쟁이다.

"우리의 씨름은 혈과 육을 상대하는 것이 아니요 통치자들과 권세들과 이 어둠의 세상 주관자들과 하늘에 있는 악의 영들을 상대함이라"(엡 6:12)

모든 종교에서 말하는 각각의 신이 실제로 존재하고 능력도 동일하다면,

기독교의 하나님만 믿어야 하는 이유가 무엇인가?

_____

_____

_____

_____

친구들이 성경적 세계관이 세속적 세계관보다 무엇이 우월하냐고 묻는다면

어떻게 대답하겠는가?

_____

_____

_____

_____

세계관에 관한 네 가지 질문

첫 번째 질문은 바로 "성경적 세계관으로 볼 때 인간은 무엇인가?"다. "과연 인간은 어디에서 왔는가?"에서 시작하여 "나는 누구인가?", 그리고 "어떻게 살아야 하는가?"라는 개인적인 질문으로 이어질 수 있을 것이다. 성경은 이 질문에 대해 명료하게 대답한다. "인간은 무엇인가?"에 대한 성경의 답은 '피조물'이라는 것이다. 피조물이라는 것은 창조한 어떤 존재가 있다는 것이고, 성경은 그 존재를 '하나님'이라고 분명하게 선언한다. 또한 "인간은 어떤 존재인가?"에 대한 답 역시 성경은 명료하게 제시한다. 인간은 하나님의 형상을 닮은 존재라는 것이다. 그뿐만 아니라 그 창조주의 자녀라고 성경은 말한다.

이 사실은 엄청난 사실을 깨닫게 한다. 그것은 인간이라는 존재의 가치다. 이 말은 인간의 가치가 신의 가치와 같다는 의미를 가진다. 신과 동등한 가치를 가진 지극히 존귀한 존재가 바로 '사람'이다. 그리고 바로 '나' 자신이다. 그래서 성경적 세계관으로 보면 귀하지 않은 사람이 없다. 그렇기 때문에 성경적인 세계관이 발달한 나라는 사람의 가치가 그만큼 인정을 받는다. 이러한 가치를 알고도 사람들은 쉽게 자살할 수 있을까? 쉽게 살인할 수 있을까? 쉽게 갑질을 할 수 있을까? 쉽게 상처를 줄 수 있을까? 그렇지 않다. 그 모든 것이 바로 "인간은 누구인가?"에 대한 대답의 출발점부터 잘못된 것이기에 나타나는 현상들일 뿐이다.

인본주의적 세계관에서는 하나님이 설 자리가 없다. 왜냐하면 인본주의는 철저히 하나님을 부정하고 반대하기 때문이다. 그런 인본주의에서 "인간은 어떠한 존재인가? 어디에서 왔는가?"를 묻는다면 어떻게 답할까?

인본주의는 성경과 달리 창조주의 존재를 인정하지 않는다. 철저히 경험과 이성, 그리고 과학적 검증을 통해 확인된 것만 신봉하기에 창조를 받아들일 수 없다. 문제는 창조가 아니라면 인간의 근원이 어디에 있는지 증명해야 하는데, 그것이 불가능하다. 그래서 그들은 할 수 없이 '가설'을 세우게 된다. 그것이 바로 진화론으로 발전하는 것이다.

진화론은 생명의 기원이 우연 발생이라는 것이다. 오늘 우리는 우연의 연속으로 인해 존재하게 된 우연의 결과물이라는 것이다. 단세포 생명체에서 진화해왔다는 것이다. 그래서 동물과 인간이 다르지 않다는 결론을 내리게 된다. 이들의 주장대로 하면 우리는 우연의 결과물이다. 동물과 다를 것이 없다. 그 말은 목적적 존재가 아니라는 것이다. 그래서 인간의 가치는 눈에 보이는 것에 종속된다. 인간이 하찮은 존재가 되는 것이다. 하찮다 생각하니 자신의 목숨도, 타인의 목숨이나 삶도 우습게 여기게 된다. 이와 반대로 신을 부정하고 인간을 극대화시키는 인본주의에서는 인간이 곧 신이거나 신적 능력을 가진 자가 된다. 그래서 인간을 구원자로 세우고 찬양하고 경배하는 방향으로 치닫기도 한다.

두 번째 질문은 "인간 또는 인류의 문제는 무엇인가?" 그리고 "그 문제는 어디에서 비롯되었는가?"다. 성경에서는 인간의 문제의 근원이 바로 '죄'라고 말한다. 아담 이후의 모든 인류는 '죄'로 인해 고통과 갈등을 겪어야 했다. 사회의 문제이든 나 개인의 문제이든 역시 문제의 원인은 타락한 죄성에 있다고 한다. 성경에서 죄는 하나님을 떠나 있는 것, 하나님의 뜻과 상관

없이 자신의 뜻대로 사는 것이라고 단언한다.

헬라어로 죄는 '하마르티아'인데, '과녁을 벗어나다'라는 뜻이다. 즉, 화살을 쐈는데 그 화살이 과녁을 향하지 않고 엉뚱한 곳으로 날아가는 것을 의미한다. 죄는 하나님과 관계없이 사는 것이다. 죄의 문제가 해결되지 않는 한 인간의 문제는 해결되지 않는다.

자연주의와 합리주의에 근거해 세상을 바라보는 인본주의적 세계관에서는 인류의 문제를 자원과 배분의 문제, 법적 제도의 문제, 환경의 문제, 체제의 문제 등으로 생각해왔다. 또한 질병에 대해서는 의학의 문제로, 가난의 문제는 분배의 문제로, 사회적 문제는 시스템의 문제로 보고 있다.

세 번째 질문은 "인생의 문제를 어떻게 처리하는가?" 그리고 "어떻게 해결할 수 있는가?"다. 성경적 세계관에서는 앞서 본 것처럼 인생의 문제의 원인이 '죄'에 있다고 보고 그래서 그 해답을 간단히 찾게 된다. 즉, 그 죄의 문제를 해결하면 된다. 그런데 그 죄의 문제를 어떻게 해결할 수 있는가? 성경은 이에 대해서도 답을 준다. 바로 예수 그리스도의 십자가다. 그 십자가에 담긴 하나님의 사랑이다. 그 십자가는 나의 죄 문제만 해결하기 위해 일어난 사건이 아니다. 바로 전 인류와 모든 사회, 모든 민족을 위해 감당하신 사건이다. 그 십자가를 받아들일 때 실제적인 능력이 되어 우리 삶을 고통스럽게 하는 죄의 문제와 실존적인 문제를 해결해준다고 성경은 가르치고 있다.

인본주의 세계관에서는 이 문제에 대한 원인을 자원과 분배와 제도로 보기에 끊임없이 그 한계성을 넘어보고자 자원을 더 확보하는 데 초점을 둔다. 복지 예산을 늘리고 시스템을 고급화시켜나가지만, 이상한 것은 세상이 더 발전하고 더 풍요로워질수록 행복하고 가치 있고 보람을 느끼는 만족감을 가지는 것이 아니라 상대적 박탈감과 불만족이 팽배해지고 있다는 것이다. 이런 시스템의 발전으로는 인간의 근본적인 문제를 해결할 수 없다.

마지막 질문은 "우리는 어디로 가고 있는가?" 또는 "우리의 마지막은 어떤 모습인가?"다. 성경적 세계관에서 이 질문은 죽음에 대해 인식하는 사람이라면 누구나 던질 수밖에 없는 질문이다. 그리고 이 질문에 대한 해답이 어떠냐에 따라 인생의 방향과 삶의 내용이 결정된다. 성경은 이 질문에 대해서도 명료하게 답한다. 인간의 결국은 '죽음'이라는 것이다.

그러나 성경은 죽음 너머에 또 다른 세계가 준비되어 있다고 약속한다. 그 세계는 두 개의 세계로 나누어진다. 예수 그리스도를 믿고 하나님과 동행한 자들에게는 영원한 안식과 영광스러운 삶을, 예수 그리스도를 믿지 않고 자기의 뜻대로 살기를 고집했던 자들에게는 영원한 형벌의 삶이 주어진다고 가르친다. 영생을 바라보고 그 결국이 영원한 안식이라는 것을 아는 자가 죽음을 두려워할 리 없다. 그는 진리를 알아 자유케 된 자이기 때문이다.

인본주의적 세계관은 인간의 결국에 대해 다양한 의견을 가지고 있다. 종교적 신념에서 윤회를 인정하기도 하고, 단지 '무'로 돌아가 소멸되는 것으로 보기도 한다. 천국과 지옥이 있다는 사실을 인정하지 않거나 인정해도 가볍게 치부해버리는 경우가 많다. 인본주의적 세계관은 이 땅에서의 유토피아를 꿈꾼다. 그리고 이 세상에 유토피아를 건설할 수 있다고 생각한다. 그 유토피아는 충분한 자원(자본, 소유)과 기술, 그리고 그런 것들을 통해 지속적으로 발전해나가면 만들 수 있을 것이라는 허황된 확신과 기대를 부추긴다.

성경적 세계관과 인본주의적 세계관의 차이에 대해 토론 시간을 갖도록 하자. 아래 박스에 각각의 특징을 네 가지씩 적어보고, 서로 나눔의 시간을 갖도록 하자.

성경적 세계관	세속적 세계관
_____	_____
_____	_____
_____	_____

성경적 세계관으로 무장해야 하는 주된 요인은 무엇일까?

왜 성경적 세계관인가? 한마디로, 우리의 건강한 삶을 위해서이며 동시에 인류의 소망 있는 미래를 위해서다. 앞에서도 밝혔지만 지금은 치열한 세계관 전쟁이 펼쳐지고 있는 상황이다. 그렇다면, 이번에는 성경적 세계관을 장착해야 하는 주된 원인이 무엇인지 아래의 성경 구절을 중심으로 나누어보는 시간을 갖도록 하자.

- 세상의 허망함을 좇지 않고 영원한 생명을 얻기 위해(엡 4:17-18)
- 이 시대와 사탄의 전략, 그리고 하나님의 뜻을 분별하기 위해(빌 1:10)
- 세계관은 승리를 주는 능력이고 무기이기 때문에(고후 10:4-5; 엡 6:10-11)
- 성경이 경고하고 있는 심판으로부터 자유하기 위해(빌 3:19)
- 단순히 죽음이 아닌 사망과 형벌에서 벗어날 수 있기에(마 15:14)

- 영적 전쟁이 있다는 것과 그 전쟁에 참여한 군사로서 무장해야 하기에(엡 6:10-13)
- 이 전쟁에서 이긴 자만이 영원한 비전과 약속의 주인공이 될 수 있기에(계 20:4-6)

무엇이 올바른 성경적 세계관인가?

아래 박스에 21개 단어가 제시되었다. 이 중에서 성경적 세계관에 속한 단어들을 선택하고 토론 시간을 가져보자.

질문	나의 대답
동성애, 폭력, 비폭력, 비혼주의, 이혼, 결혼, 구제, 거짓말, 평등, 차별, 정직, 전쟁, 분노, 양보, 자비, 의리, 고집, 열정, 헌신, 낙태, 평화	

당신은 어떤 목록들에 성경적 세계관이라고 표시했는가? 동성애가 성경적 세계관인가, 아닌가? 물론 동성애 자체는 성경적으로 분명히 죄에 해당한다. 그런데 문제는 동성애를 반대한다고 해서 무조건 그 사람이 성경적 세계관을 가지고 있는 것은 아니라는 사실이다. 오늘날 인본주의적 세계관도 문제이지만, 또 한 가지 큰 문제는 성경적 세계관이 상당히 왜곡되어 있

다는 것이다. 하나님의 이름을 갖다 붙이면 성경적인 세계관인 것처럼 맹목적으로 따르는 성도들이 있다. 성경을 제대로 알지 못하면 왜곡된 성경적 세계관에 빠질 수 있다.

성경적 세계관은 하나님의 마음을 아는 것이고, 그 마음을 우리의 마음에 담는 것이며, 나의 시선을 그분의 시선으로 바꾸는 것이다. 그렇게 되지 않는다면 우리는 세상보다 더욱 잔인해질 수 있고, 더욱 완악해질 수 있으며, 더욱 하나님을 대적할 수 있다. 십자군 전쟁처럼, 또 중세 가톨릭 교회처럼 하나님의 이름을 팔아 수없이 많은 사람을 죽음에 몰아넣을 수 있다.

킹덤 코칭 질문

1. '동성애'에 대해 예수님께 질문하면 어떠한 답변을 듣고자 하는가?
2. 세속적 세계관으로 인해 가장 강하게 영향을 받은 점은 무엇인가?
3. 내 삶의 어떠한 면이 가장 성경적 세계관으로 무장되어 있는가?
4. 메타버스 시대에 크리스천과 교회는 어떠한 준비를 해야 할까?

3
4.0 시대의 청년 리더십

박재진 코치

파워 질문

- 당신을 이 땅에 보내신 하나님께서 갖고 계신 목적은 무엇일까?
- 코칭 리더십을 통해 인생 가운데서 무엇이 변화될 것이라 기대하는가?

지금 이 시대의 사회적 상황은 보이는 것과 달리 모든 것이 절박하고 위태로운 상황에 놓여 있음을 여러분이 얼마나 알고 있는지 궁금하다. 이러한 상황에서 특히 교회와 교회 공동체가 어디로 가야 할 바를 모르고 있기에 더욱 미래가 불투명하게 느껴지는 것 같다. 그래서 우리의 삶에는 아마도 혁명이 필요한 것 같다. 이는 어떠한 폭력적이거나 선동적인 방법에 의한 것이 아닌 하나님께서 주신 '사랑'이라는 가장 아름다운 선물로 우리의 마음과 생각을 바꾸는 혁명이다. 예수님께서 이 땅에 오신 이유도, 그리고 우리를 세상으로 보내신 그 목적도 바로 그 '사랑의 혁명'을 위해서임이 아닐까 싶다.

예수님은 우리의 주일 스케줄을 단지 교회로 가는 것으로 바꾸어주기 위해 오신 게 아니다. 우리의 일상을 모든 면에서 바꾸어주려고 오신 것이다. 그 변화의 대상은 사역자로부터 일반 성도에 이르기까지 모두를 동등하게 아우른다. 그런데 주변에는 우리를 하나님의 자녀로 생각하는 사람들이 그리 많은 것 같지 않다. 그들의 눈에는 아마도 우리가 하나님과 너무도 닮지 않았기 때문이 아닐까 싶다.

마태복음 5장 9절에서는 "화평하게 하는 자는 복이 있나니 그들이 하나님의 아들이라 일컬음을 받을 것임이요"라고 이야기하고 있다. 삶을 찬찬히 들여다보면, 우리는 화평하게 하기는커녕 편을 나누어 파벌싸움 하기에 바쁜 듯하다. 혹시 얄팍한 윤리 의식에 빠져 마음에 안 든다고 고함 치고 정죄하지는 않는지 궁금하다.

재림하신 예수님께서 어느 날 베드로를 찾아와 "네가 나를 사랑하느냐?"라고 물으신다. 이때 예수님께서는 처음 두 번의 질문에서 '아가파오(ἀγαπάω)'라는 동사를 사용하여 "네가 나를 사랑하느냐?"라고 물으시는 장면이 있다. 성경은 늘 아가파오적인 사랑을 언급하고 있다. 하지만 베드로는 깊은 우정을 뜻하는 필레오(φιλέω)적 사랑으로 대답한다. 이처럼 현 시대를 살아가는 우리에게서 아가파오적인 사랑을 찾아보기 힘든 것 같다. 그래서인지 요즘 젊은 세대는 비판적이고 이기적인 기독교에 진저리를 친다. 팔을 걷어붙이고 참된 변화를 위해 땀 흘리는 건 꺼리면서 오히려 비난과 책망에는 누구보다 열정적이니 그럴 수밖에 없는 것 같다.

4.0 시대를 살아가는 우리는 인공지능의 물결, 팬데믹 시대, 기후와 환경의 변화 등을 통해 급변하는 환경의 소용돌이 속에서 평온한 나날을 보내지 못하고 있다. 더구나 포스트 모더니즘이라는 새로운 시대 사상은 특히 영적인 문제에서 객관적이거나 절대적인 진리는 없다고 단언한다. 이러한 사상은 결국 절대 진리를 거부하면서 상대적 진리를 수용하는 종교 다원주

의로 빠지게 만들 뿐이다. 그러나 분명한 것은 우리가 어떤 상황에 처하든 주어진 환경을 어떤 관점으로 바라보며, 어떻게 해석할 것인지, 무엇을 준비하며 어떤 삶을 살아갈지는 오롯이 우리 자신이 선택할 수 있다는 것이다.

"우리는 그가 만드신 바라 그리스도 예수 안에서 선한 일을 위하여 지으심을 받은 자니 이 일은 하나님이 전에 예비하사 우리로 그 가운데서 행하게 하려 하심이니라"(엡 2:10)

주님께서 조건 없는 '아가파오(ἀγαπάω)'라는 단어를 사용하여 "네가 나를 사랑하냐?"고 물으시면, 당신은 무엇이라고 답변하고자 하는가? 그리고 그 이유는 무엇인가?

_____

_____

_____

_____

4.0 시대를 맞이하는 청년들의 어려움과 고통을 어떻게 이겨나갈 것인가?

지구촌 각 나라는 지난 2년 동안 팬데믹으로 인해 커다란 위기의 시간을 보냈다. 4.0 시대와 맞물려 있는 현 상황은 청년 세대에게도 하나의 위기임에 틀림없다. 수년간 지속되고 있는 마스크 착용과 더불어 재택근무를 비롯한 예기치 않은 생활문화는 개인적으로 우울감을 동반하며, 경제도 어렵고, 사회적으로 불안감이 고조되어 있는 상태였다. 특히 청년들은 그들의 삶이 게임과 인터넷 중독, 알코올 중독 심지어 약물 중독에 노출되어 개인적 · 가정적으로 피폐해졌음은 말할 나위도 없다.

이러한 격동의 시대에 갈팡질팡하고 있는 우리 청년들은 어떻게 살아가야 할까? 갑작스럽게 닥친 인생의 거대한 파도, 고통스러운 사건들 가운데에서 하나님은 어디에 계시는지 궁금할 뿐이다. 그리고 존재하신다면 우리의 삶에 얼마나 관여하고 계실까? 특히 이러한 시기에는 다른 사람들의 도움도 구하기 힘든데, 어떻게 그들이 용기를 얻고 새로운 미래를 향한 희망을 찾아 달려갈 수 있단 말인가? 그럼에도 우리가 할 수 있는 일이란 보이지는 않지만 실수하지 않으시는 하나님의 인도하심과 사랑 그리고 한량 없는 그분의 은혜에 더욱 의존해야 한다는 사실이다.

"여호와께서 너를 지켜 모든 환난을 면하게 하시며 또 네 영혼을 지키시리로다"(시 121:7)

그렇다고 우리가 맥 놓고 앉아 하나님께서 무엇을 해주시기를 바라기만 해서는 안 될 것이다. 이럴 때일수록 오히려 성경을 읽으며, 지혜와 용기를 구하고, 우리의 영과 혼과 육을 하나님 앞에 온전히 드러내어 죄성을 고백해야 할 때임을 깨달아야 할 것이다.

"하나님의 말씀은 살아 있고 활력이 있어 좌우에 날선 어떤 검보다도 예리하여 혼과 영과 및 관절과 골수를 찔러 쪼개기까지 하며 또 마음의 생각과 뜻을 판단하나니, 지으신 것이 하나도 그 앞에 나타나지 않음이 없고 우리의 결산을 받으실 이의 눈 앞에 만물이 벌거벗은 것 같이 드러나느니라"(히 4:12-13)

하나님께 모든 것을 의지하며 순종하는 것은 바로 우리의 삶을 오롯이 하나님께 드리는 가운데 기뻐하시는 하나님을 만나게 되는 것이다. 그리하면 삶의 목적이 뚜렷이 보이게 되면서 마음이 새롭게 변하여 앞으로 어떤 삶을 살아가야 할지 깨달으며 용기와 소망을 갖게 될 것이다.

"너희는 이 세대를 본받지 말고 오직 마음을 새롭게 함으로 변화를 받아 하나님의 선하시고 기뻐하시고 온전하신 뜻이 무엇인지 분별하도록 하라"(롬 12:2)

성경에서 자신을 성장케 하도록 힘을 주있딘 코칭적 말씀을 찾아 이를 나누어보자.

_____

_____

_____

📍
4.0 시대의 키워드는 코칭 리더십이 답

70년 포로 생활에서 돌아온 이스라엘 백성은 스룹바벨의 지휘 아래 무너진 성전을 재건하려고 했으나 여러 가지 어려움으로 16년간이나 재건이 중단되었다. 그런데 이때 하나님께서는 선지자 학개를 통해 "스스로 굳세게 할지어다"를 세 번 반복하셨다. 이는 하나님께서 스스로 자신 안에 있는 잠재력을 찾으라고 격려하신 것이다. 다시 말해 스스로를 돌아보고 미래를 계획하며, 희망적인 삶을 살기 위해 스스로 코칭 리더십을 갖추라고 알려주신 것이다.

"그러나 여호와가 이르노라 스룹바벨아 스스로 굳세게 할지어다. 여호사닥의 아들 대제사장 여호수아야 스스로 굳세게 할지어다. 여호와의 말이니라. 이 땅 모든 백성아 스스로 굳세게 하여 일할지어다. 내가 너희와 함께 하노라. 만군의 여호와의 말이니라"(학 2:4)

결국 지금과 같은 혼란의 시대에 잘 적응하는 새로운 길을 찾기 위해서는 자신을 탐구하고 조절하며 강점과 역량을 계발하는 코칭 리더십이 절대적으로 필요하다고 여겨진다. 그중에서 '셀프 코칭'은 자기 자신에게 영향력을 행사하는 가운데 자신의 자존감을 격려하고, 강점과 가능성에 초점을 맞추며, 용기와 긍정의 마음을 강화하기 위해 필요한 차세대 리더십을 갖추는데 도움을 주는 도구를 말한다.

특히 스스로 코치가 되어 자신의 내면에 감추어진 부정적 정서를 치유하며, 동시에 잠재력을 개발하는 가운데 목표와 비전을 성취하면서 탁월한 코치로 성장할 수 있는 틀(frame)을 만들어가는 것이 절대적으로 필요하다. 이러한 과정을 토대로 하여 가정과 조직에 영향력을 발휘하는 코치형 리더로 성장하면서 역량을 키우기를 기대한다.

시대적 변화와 흐름에 역행할 수는 없을 것이다. 그러나 나 자신을 이해하고 탐구하며 잠재력을 개발하면서 이제까지 경험하지 않은 것들에 적응하고, 지금껏 달려가지 않았던 길로 무리없이 나아갈 방법은 성령님의 도움을 받아 탁월한 리더가 되게 이끄는 크리스천 코칭 리더십일 것이다.

킹덤 코칭 질문

1. 포스트 모더니즘 시대를 한마디로 정의한다면?
2. 4.0 시대를 살아가는 청년들이 반드시 기억해야 할 세 가지가 있다면?
3. 5년 뒤 당신은 어떠한 모습으로 이 세상을 살아가고 있을 것 같은가?
4. 셀프 코칭으로 어떻게 자신을 위풍당당한 예수의 제자로 바꿀 수 있을까?

4
세계관의 충돌 시대

이호열 코치

파워 질문

• 당신이 가장 편하게 느끼는 곳은 어디이며, 무엇이 그렇게 만드는가?
• 나라와 나라, 민족과 민족이 서로 전쟁하는 주된 이유는?

새들은 나뭇가지와 진흙을 이용하여 집을 짓는다. 주로 나무 위에 집을 짓지만, 때로는 전신주 위에 집을 짓기도 한다. 그것은 보기만 해도 매우 위험해 보인다. 왜 하필 전신주 위에 둥지를 트는 것일까? 그 까닭은 새들이 전기라는 것을 전혀 인식하지 못하기 때문이다. 사람이라면 전신주에 가까이 가는 것도 꺼릴 것이 틀림없지만, 새들의 세계에는 전기라는 것이 아예 존재하지 않기 때문에 위험을 느끼지 못한다.

새 둥지는 바람이나 비 혹은 햇빛을 제대로 막지 못한다. 만일 인간처럼 철과 시멘트를 이용할 수 있다면 훨씬 견고한 집을 지을 수 있을 것이다. 그러나 인간도 철을 사용하기 시작한 것이 기원전 3세기경의 일이라고 한다. 그전까지는 철의 존재를 인식하지 못했다. 철을 사용함으로써 건축, 토

목, 교통 등의 분야에 획기적인 발전이 이루어졌다. 이전의 세계가 변화되었고 더욱 확장된 것이다. 그 반면에 철을 도입함으로써 전쟁의 양상이 매우 치열해졌고, 대량 살상도 이루어졌다. 이처럼 인식에 따라 세계도 크게 변화하고 있다.

참새는 무엇을 근거로 해서 자신의 집을 지을까?

참새들은 알맞은 곳을 찾아서 집을 짓는다. 그런데 참새의 집이 참새가 인식하는 세계관을 담고 있다면 당신은 어떻게 생각하는가? 새는 생존에 적당한 환경, 생존에 위협을 주는 요소, 생존에 필수적인 요소, 그리고 생존에 도움이 되는 요소들을 인식한다. 그리고 그것에 따라 집의 위치, 재료, 규모가 달라진다고 한다. 즉, 참새가 집을 지을 때는 아래 표처럼 자신의 지능과 육체적 능력을 반영한다고 한다.

구성요소	내용
생존 기본환경	지역 / 계절 / 날씨
생존 필수요소	벌레 / 물 / 씨앗 / 식물
생존 위협요소	독수리 / 고양이 / 다람쥐
생존 안정요소	나무 둥지 / 참새들 / 새끼들

그렇다. 이것이 참새가 세계를 인식하고 평가하는 세계관이라고 할 수 있다. 참새의 인식 능력은 한계가 뚜렷하기 때문에 그 이상의 세계를 구성할 수 없다. 그러나 인간이라면 다르다. 인간의 인식 능력은 훨씬 뛰어나기 때문에 더 넓은 세계관을 구성할 수 있다. 인간은 세계관을 구성하는 데 뛰어난 능력을 가지고 있다. 우선 인간에게는 상상력과 과학적 능력이 있다. 더욱이 인간은 영적 특성도 가지고 있다.

그럼에도 인간이 자기중심적인 세계관을 형성하는 데 새들과 큰 차이가 없는 이유는 무엇일까? 그 이유는 세계관이 실재 세계를 인식하고 경험을 해석하며 저장하는 데 영향을 끼치기 때문이다.

| 실재 세계 | ➡ | 경험된 세계 | ➡ | 해석 · 저장된 세계 |

'중화사상'을 통해 알 수 있는 중국인의 세계관은 무엇일까?

　　중국에서는 일찍이 지도 제작 기술이 발달했다. 중국에서 발견된 가장 오래된 지도는 기원전 200년경에 만들어진 것으로 알려져 있다. 그렇지만 중국인의 지리적 인식의 범위는 중국과 주변 나라에 한정되어 있었다. 중국인은 여러 가지 문헌 자료를 가지고 있었으며, 중국 외에 다른 세계가 있다는 사실 또한 알고 있었다. 그러나 대부분의 중국 지도는 그 주변만 표현하여 넓은 세계를 담아내지 못했다. 그것은 중국 중심주의로 대변되는 중화주의가 만연해 있었기 때문이다.

　　중(中)은 지리적 · 문화적으로 '중앙'이라는 뜻이며, 화(華)는 '뛰어난 문화'를 의미한다. 중국인은 중국 주변의 나라들을 '동이', '서융', '남만', '북적'이라는 말로 부르곤 했는데, 각 단어에는 '오랑캐', '야만족'이라는 경멸조의 의미가 들어가 있다. 중국인이 가진 세계관은 주변 국가에 대한 태도로 표출되었으며, 근대 이후 서구의 발달한 과학 문명을 저평가한 대가로 식민지로 전락하는 등 혹독한 역사를 경험하게 되었다. 당신은 중국에 대해 무엇을 알고 있는가? 혹시 그들의 세계관을 구별할 수 있는지 궁금하다.

세계관의 충돌을 야기하는 요소에는 무엇이 포함되어 있을까?

　　개인이나 국가의 세계관이 타인이나 타문화와 만나게 될 때는 포용, 회피, 충돌 등의 현상을 야기하게 된다. 그 가운데 가장 문제가 되는 것은 '충돌 현상'이라고 할 수 있다. 문화권 간의 충돌은 종종 전쟁 같은 양상으로 나타나기도 한다.

중화사상은 수나라와 고구려 간의 전쟁 이유가 되었다. 중원을 제패하여 중국의 중심이 되고 난 후 수나라는 자국 중심의 세계관을 가지고 있었다. 고구려는 비록 중국 입장에서는 동쪽의 변방 나라였지만, 민족적 자존감이 강했기에 독자적인 세계관을 형성해나가고 있었다. 수나라는 이 같은 고구려의 독자적 세계관을 인정하려고 하지 않았다. 주변국을 인정하지 않으려는 수나라의 중국 중심적인 세계관과 독자적인 질서를 확립하려는 고구려의 세계관 충돌이 전쟁이라는 형태로 나타나게 된 것이다.

그렇다면 서구적 가치관 및 세계관과 대립을 벌여온 이슬람권의 적의와 분노가 테러 형태로 나타난 뉴욕 세계무역센터 테러에 대한 각자의 의견을 논해보도록 하자.

세계관에서 중요한 세 가지 질문은 무엇일까?

세계관 형성은 다양한 경로를 통해 이루어지며, 동시에 사람들은 형성된 세계관에 의해 광범위한 영향을 받는다. 세계관은 국가나 종족의 집단적 경험, 신화, 전통이나 관습, 규범, 종교적 신념에 의해 형성된다. 세계관에는 다음의 중요한 질문 세 가지가 있다.

- 세계를 어떻게 인식하는가?(집단적 성격, 경험과 연관)

- 세계를 어떻게 구성해가는가?(개인적 성격, 이익과 연관)
- 세계를 인식하고 선택하는 것이 궁극적인가?(보편적 성격, 진리와 연관)

세계관을 구성하는 핵심 요소의 리스트에 무엇을 적고 싶은가?

세계관은 무엇으로 구성될까? 솔직히 세계관을 구성하는 요소들은 다양하다. 세계관은 종교, 문화, 집단 무의식의 산물이기도 하고, 개인의 신념과 선택에 영향을 받기도 하기 때문이다. 그렇다면 세계관을 구성하는 핵심 요소에는 무엇이 있을까?

(1) 창조와 진화

세계를 창조된 세계로 볼 것인지, 자연과 우연의 결과로 볼 것인지는 과학의 연구 영역인 동시에 목적론과 자연론의 대결이기도 하다. 과학이 결코 만능이라거나 객관적이지 않다는 것은 현시대의 수많은 과학자가 이끌어낸 결론이기도 하다.

(2) 죽음 이후에 대한 전망 혹은 믿음

인간은 사후세계에 대해 오랫동안 관심을 기울여왔으나 신화나 제사 행위로 죽음의 공포를 극복하고 영생에 대한 희망을 투사해왔다. 그러나 예수 그리스도의 부활 사건은 죽음이 끝이 아니라는 것과 죽음 이후의 심판, 하나님 나라에 대한 전망을 분명하게 밝혀주고 있다.

(3) 인간의 존엄성

인간의 존엄성 이유가 무엇인가에 대해서는 타존재, 특히 고등동물들과 비교 우위적인 측면에서 접근되어왔다. 곧 언어 사용, 도구 제작, 사회와 문명 건설 등의 능력이 있기에 '인간은 존엄하다'는 것이다. 그러나 사실 언어를 잃어버린 사람이나 도구 제작을 전혀 하지 못하는 병자나 어린이도 똑같이 그들의 능력 여부와 관계없이 '존엄하다'는 것은 문명사회의 공통적 함의다. 그렇다면 왜 인간은 동등하며 존엄한가? 이에 대해서는 어떤 철학이나 사상, 종교도 명쾌한 답변을 내놓지 못하고 있다. 오직 기독교만이 분명한 대답을 내놓고 있다. 그것은 인간이 하나님의 형상을 따라 지어졌으며, 어떤 사람의 생명도 거래나 타협의 대상이 될 수 없다는 것이다.

(4) 악과 고통의 문제

악이란 왜 끊임없이 반복되는가? 인간은 근본적으로 선한가, 악한가? 인간의 악은 해결될 수 있는 것인가? 이러한 질문은 끊임없이 제기되고 있다. 악의 평범성에 대해 연구한 한나 아렌트(Hannah Arendt)의 저서는 인간의 죄성이 보편적이며, 악은 특별한 사람들에게만 나타나는 현상이 아님을 밝혀주고 있다. 악과 고통의 문제를 어떻게 인식하느냐에 따라 그것을 해결하기 위한 방법론도 달라진다. 즉 해결책으로 인간의 지성을 최상위에 두는 세계관을 형성할 수도 있고, 영적 존재로서의 회복을 최상위에 둘 수도 있다. 기독교에서는 악이란 하나님에 대한 반란이며, 피조물의 주권에 대한 도전임을 선언한다.

(5) 자연과 우주, 이웃

자연과 우주를 열등한 존재로 보고 정복과 지배의 대상으로만 파악한다면 인간은 계속 정복자의 삶을 살게 될 것이다. 그러나 자연을 인간에게 위임된 질서이고 하나님의 영광이 나타나는 실재로 본다면 인간은 조력자와 관리자의 삶을 살게 될 것이다. 마찬가지로 진화론적 세계관을 가진다면 이웃은 경쟁과 타도의 대상이 될 것이고, 창조론적 세계관을 가진다면 이웃은 돌보고 섬겨야 할 대상이 될 것이다.

세계관의 혼란에 뒤따르는 현상에는 어떠한 것이 있을까?

앞에서 살펴본 바와 같이 세계관을 형성하는 요소들은 다양하며, 매우 중대한 의미를 가지고 있다. 또한 세계관 속에 내포된 문제점이 갈등 및 충돌을 빚어내는 것은 당연한 현상이라고 하겠다. 기독교 신앙이 타종교 혹은 세속 문화와 첨예한 경쟁 및 대립을 보이는 영역이 바로 세계관이기도 하다. 여기서 비기독교적인 세계관의 문제점 중 몇 가지를 살펴보려고 한다.

우선, 경쟁주의와 자본주의에서 이익의 추구는 상대를 도구화하고 비인간화한다. 성공만이 중요하고 인간에 대한 존중은 사라지며, 성공주의와 쾌락주의가 만연하게 되어 자연과 타인은 소비의 대상이 되고 만다.

또한 인간 혹은 과학기술을 신적 위치에까지 올려놓고 창조주의 주권을 인정하지 않는 인본주의는 자연스럽게 세상에서의 성공주의와 삶을 유흥으로 여기는 쾌락주의를 조장한다. 영원한 하나님의 나라와 진리를 부정하기 때문에 가치의 전도 현상이 나타날 수밖에 없다.

음악

정당

음주

동호회

마약

가상현실 게임

재향군인연맹

스포츠

대체 종교들(surrogate religion)

그리고 많은 사람에게 참전 전우회, 친목회, 정당이 종교를 대신하고 스포츠스타나 연예인이 우상이 되곤 한다. 그들은 종교 혹은 종교 이상의 의미를 가진다. 가담하는 사람들은 자기발견 및 실현의 방편으로 대체 종교를 찾는다. 그들의 세계는 지금, 여기에 국한되어 하나님의 나라와 의를 외면한다.

우리는 현재 21세기의 첨단과학문명 사회에서 살고 있으나 인간이 스스로 극복할 수 없는 문제들은 너무나 많이 존재한다. 또한 인간은 육체와

내가 원하는 세계	장애물	내가 할 수 있는 일

정신 활동의 정점에 오른 후 갈수록 그 에너지와 생명력이 감소되며, 마침내는 소멸되는 존재다. 그러므로 자기중심적 삶의 종착점은 공허와 무의미가 될 수밖에 없다. 이러한 인생의 한가운데를 달려가는 당신이 원하는 세계의 모습은 무엇인가? 하지만 그 길 가운데 놓여 있는 여러 가지 장애물은 어떠한 것일까? 그리고 자신이 과연 할 수 있는 일들은 무엇일까? 함께 논해보자.

지금의 세계는 이념, 체제, 성(性), 종족, 문화 등 다양한 갈등과 충돌을 경험하고 있다. 다원주의와 상대주의는 기독교 신앙을 끊임없이 위협하고 있다. 세상적 성공을 위한 방편으로서의 전략과 삶의 위기를 극복하기 위한 알고리즘과 철학은 영원한 진리가 아니다. 왜냐하면 세상이 사라져도 존재할 수 있는 것만이 '영원한 진리'이기 때문이다.

그러므로 지금 우리 앞에 보이는 세상이 전부가 아니다. 그러면 여기서 이렇게 질문하고 싶다. 하나님께서 선택하신 당신은 무엇에 집중하면서 주어진 삶을 살아가고자 하는가? 과연 이 땅에서 당신의 사명은 무엇인가? 아마도 당신은 성경에 계시된 '항구적 진리'를 알고 전파하는 데 힘써야 하며, 동시에 예수 그리스도 안에서 온 인류를 구원하시고 하나 되게 하시려는 하나님의 계획에 따라 자신의 사명을 감당해야 할 것이다.

1. 당신에게 가장 관심 있는 것은 무엇인가? 그리고 그것을 선택한 이유는?

2. 이 땅에서 당신이 가지고 있는 삶의 목적을 한 문장으로 말한다면?

3. 삶에서 꼭 성취하고 싶은 것은 무엇인가? 또한 그 기준은 무엇인가?

4. 하나님께서 부여하신 이 땅에서의 사명에 대해 답변할 수 있는가?

5
가치관과 방향 감각의 시대

박상민 코치

파워 질문

- 지금의 시대를 한 단어로 표현한다면 무엇이라고 하겠는가?
- 이 시대에 진정으로 당신의 가슴을 뛰게 하는 것은 무엇인가?

　SBS에서 〈최후의 제국〉이라는 다큐멘터리가 방영되었다. 이 이야기는 남태평양의 '아누타'라는 아주 작고 독특한 섬을 찾아가는 이야기다. 이 섬에 가는 유일한 방법은 3일간 10m 정도 되는 작은 돛단배를 타고 가는 방법밖에 없다. 지금이야 GPS를 활용하여 정확한 위치를 파악할 수 있지만, 이 섬은 지름이 1km도 안 되는 워낙 작은 섬이라 지도에도 잘 나타나지 않아서 GPS로 위치를 잡기도 어렵다. 지도도 없이 어선보다 작은 돛단배를 타고 3일 동안 남태평양의 섬으로 어떻게 갈 수 있을까?

　아누타섬에는 모펫이라는 훌륭한 항해사가 있다. 그는 캄캄한 바다의 배 위에서 담대하게 "별을 보고 가면 된다"고 말한다. 그는 조상으로부터 별을 보고 바다로 나가는 전통적인 항해술을 배웠다. 하늘에 떠 있는 별들은 그들에게 GPS와 같다. 별을 보고 방향을 찾기 때문에 아무것도 보이지 않는 바다에서도 목적지에 정확하게 도착한다. 망망한 바다가 주는 불안감은 어디에서도 찾아볼 수 없다.

아누타섬 어린이들에게 조그마한 섬을 떠나 눈앞에 보이는 광활한 바다를 자유롭게 다니는 모펫은 선망의 대상이다. 모펫은 아누타섬 어린이들에게 배를 타는 방법을 알려주기 전에 바다 위의 길을 읽는 법을 먼저 알려준다. 별을 통해 방향을 읽을 수 있어야 하고, 궂은 날씨로 별이 안 보일 때면 손을 바다에 넣어 파도를 읽는 법을 배워야 한다. 이러한 방법을 배운 후에야 바다에서 길을 잃어버리지 않는다고 한다.

청년들이 진로를 탐색하고 개척해가는 길도 이런 항해와 같다. 드넓은 가능성을 지닌 바다로 가기 위해 방향을 알려주는 별을 읽는 법부터 배워야 한다. 목적지도 분명히 알아야 한다. 그리고 돛단배도 필요하고, 항해에 필요한 체력과 식량, 물도 필요하다. 이는 먼저 우리의 가치관을 점검하고 그 가치관에 따른 목적지로 가기 위한 방향 찾기가 얼마나 중요한지를 말하고 있다.

내가 속한 사회의 핵심 가치관은 무엇일까?

가치관의 사전적 의미는 "가치에 관한 관점"이라고 정의할 수 있다. 이것은 자신이 살고 있는 세계 또는 그 세계 속 사상에 대한 평가의 근본적 태도라고 할 수 있다. 이 평가는 사람마다 다를 수 있다. 그 평가 기준이 되는 것이 바로 가치관이다. 그렇기 때문에 사람들은 자신이 가지고 있는 가치관에 따라 결정하며 살아가게 된다. 그래서 가치관을 '가치의식'이라고도 한다.

위키백과에서는 가치관을 두 가지로 구분한다. 첫째는 어떠한 행위가 옳고 어떠한 행위가 틀린 것이냐 하는 도덕적 판단의 기준이다. 둘째는 어떠한 상태가 행복하고 어떠한 상태가 불행한가를 판단하는 가치관이다. 양자는 생활이나 행동을 판가름하는 기준이 된다.

또 가치관을 개인적인 것과 사회적인 것으로 구분한다면, 개인적인 가치관은 각 개인의 고유한 내재적 신념, 생각, 가치다. 사회적인 가치관은 사람들에게 의해 평가되는 가치다. 여기서 이런 질문을 던지고 싶다. 혹시 당신은 자신을 둘러싸고 있는 사회의 핵심 가치관이 무엇인지 알고 있는가?

당신의 가치관을 지탱하는 가장 밑바닥은 무엇으로 구성되어 있는가?

크리스천이 된다는 것은 단지 예수님을 영접함으로써 하나님의 자녀가 되어 천국에 들어가는 영생을 가지게 되는 것만으로 끝나는 것이 아니다. 하나님의 자녀가 되기 전의 옛 모습, 옛 사람을 버리고 그리스도 안에서 새 사람이 되는 것이다.

> "그런즉 누구든지 그리스도 안에 있으면 새로운 피조물이라 이전
> 것은 지나갔으니 보라 새 것이 되었도다"(고후 5:17)

다시 말해, 기독교적 가치관을 가지고 산다는 것은 하나님의 말씀인 성경을 통해 말씀해주시는 것을 배우고 익히며 그대로 실천하여 하나님의 뜻을 나의 삶의 원칙으로 받아들이고 그 뜻에 순종하며 사는 것을 의미한다.

성경은 그리스도께서 만물의 주인이심(골 1:16-17)과 만물이 그분 안에서 통일됨(엡 1:10)을 선포하고 있다. 기독교적 세계관과 인생관을 가지고 있는 사람은 기독교적 가치관을 가지고 인생을 살아갈 수 있다. 자신의 인생을 하나님 중심으로 살아가며, 인생의 방향이 하나님의 뜻을 따라가는 방향이다.

물론 인생을 살아가면서 대부분의 사람들은 가치관의 충돌과 변화를 경험한다. 때로는 기독교적 가치관에 대해 잘못 인식하고 있어서 하나님 앞에 헌신적인 기독교인이 되기를 두려워하기도 한다. 그렇기 때문에 하나님의 말씀을 인생의 원리로 삼고, 이 세상에서 자신의 인생과 문화를 인식하

고 이해하며 기독교적인 가치관과 안목을 가지는 것이 중요하다.

하나님께서 우리의 삶을 인도하시는 방법에는 여러 가지가 있다. 때로는 선한 길로 인도하시기도 하지만, 때로는 힘들고 어려운 길로 인도하시는 경우도 있다. 분명한 사실은 하나님의 뜻이 우리에게서 실현된다면 우리는 하나님의 뜻대로 그리고 하나님의 진정한 자녀의 모습으로 살아갈 수 있는 결단과 회복이 필요하다는 것이다.

그렇기 때문에 기독교인의 가치관은 성경적으로 옳은 것, 성경적으로 바람직한 것, 성경 말씀에 근거하여 해야 할 것과 하지 말아야 할 것을 지키는 것이다. 다시 말해, 우리 그리스도인의 가치관 기준은 바로 '성경'이어야 한다. 성경은 '정경(Canon)'이라고 하는데, 그것은 바로 측정하는 '잣대', '기준', '표준'이라는 것이다. 이는 하나님의 말씀 자체가 우리 삶의 기준이며, 동시에 우리 가치관의 표준이 되어야 한다. 그렇다면, 여기서 필자가 하고 싶은 질문이 있다. 당신은 이렇게도 험난한 세상에서 무엇을 기초로, 기준으로 살아가고 있는가?

나의 가치관을 구성하고 있는 초석(기준)은 무엇인가?

_____

_____

_____

_____

지금 당신이 진정으로 올바른 방향으로 전진하고 있음을 어떻게 확신하는가?

지금은 속도도 중요하지만 방향을 제대로 잡는 것이 그 무엇보다 중요한 시대다. 즉, 지금 같은 방향 감각의 시대에서는 속도보다는 방향이 중요하다는 사실이다. 일과 목표를 달성하는 데 빨리 하는 것도 중요하지만, 바른 방향으로 가는 것이 더 중요하다.

'빨리빨리' 문화에 익숙한 우리의 가치 기준에서는 속도가 중요하다. 그러나 속도에 가치를 두다 보면 잘못된 길로, 잘못된 방향으로 갈 수 있다. 나중에 후회하는 일이 발생할 수도 있고, 처음부터 다시 시작해야 하는 경우도 있다. 따라서 정확한 방향을 잘 선택해야 더 빨리 제대로 갈 수 있다.

현대사회는 집안의 가전 제품을 외부에서도 편리하게 제어할 수 있는 사물인터넷 시대다. 광고를 보면 집안의 모든 가전 제품을 편리하게 시간에 맞추어 작동시키거나 중단할 수도 있다. 한국에서는 LG, SK, KT, 삼성, 네이버 등의 대기업뿐만 아니라 중국의 화웨이, 세계적인 구글, 마이크로소프트, 오픈 AI 등 글로벌 기업들이 AI 개발에 속도를 내고 있다.

그런데 문제는 이런 AI의 지능 개발 속도에 경쟁이 붙으면서 너무 빨라지고 있다는 점이다. AI는 대규모 데이터 처리가 가능한 슈퍼컴퓨터를 이용하여 딥러닝 학습을 하기 때문에 이제는 영화처럼 인간의 두뇌를 뛰어넘어 발전한 AI가 인간의 통제를 벗어날 수 있다. 세계적으로 AI 개발 경쟁이 치열해지면서 인간이 지향하는 인간을 위한 AI 산업의 발전이 아니라 그 방향보다 속도에 치중하다 보면 인간이 통제할 방법을 잃어버릴 수도 있을 것이다. 이처럼 무슨 일이든지 속도도 중요하지만 더 중요한 것은 목표와 방향임에 틀림없는 것 같다.

> 내 인생 최종 목적지는 어디를 가리키고 있는가?
>
> _____
>
> _____
>
> _____
>
> _____

인생에서 가장 중요하게 생각하는 세 가지는 무엇인가?

성경에 방향을 잃고 헤매다가 밤이 되어 유숙할 곳이 없어 한 돌을 가져다가 베개를 삼고 하늘을 지붕 삼아 누워 자는 사람의 이야기가 나온다. 바로 야곱의 이야기다. 그가 '방황하다'라는 뜻의 '루스'라는 곳에서 자고 있을 때, 한밤중에 하나님께서 그를 찾아오셔서 꿈을 통해 말씀하신다. 하나님께서는 '야곱의 하나님'이라 하시며 야곱이 누워있는 땅을 주시고, 자손을 주시고, 복을 주시며, 지켜주시고, 이 땅으로 돌아오게 해주신다는 약속의 말씀을 하신다. 그리고 이 약속을 다 이루기까지 야곱을 떠나지 않으시겠다는 굳건한 언약을 하시고 그 언약을 성취하신다.

신앙 생활을 하면서 우리는 무엇을 가장 먼저 알아야 할까? 그것은 바로 하나님을 아는 것이며, 그다음은 하나님께서 우리를 향한 계획을 알아야 할 것이다. 그것은 어렵거나 힘든 일이 아니다. 왜냐하면 하나님께서는 우리

각자에게 뭔가를 하고 싶어 하는 마음과 그에 따른 재능과 은사를 주신다. 그리고 그것을 이루어가는 동안 우리와 함께하시고 우리의 발걸음을 인도하신다. 그래서 성경은 "하나님을 힘써 알자"고 말하고 있다. 신앙의 선배인 사도 바울을 보자. 그는 예수 그리스도를 아는 지식이 가장 고상하다고 말한다. 얼마나 그것이 중요하기에 자기가 배운 그 많은 지식과 경험을 배설물로 여기며 오직 예수 그리스도를 얻는 것이야말로 가장 귀중한 지식이며 지혜라고 역설하고 있을까?

내게 중요한 것	세상 것보다 중요한 것

당신은 무엇을 향해 달려가고 있는가?

우리는 무엇을 위해, 그리고 어떤 목표를 향해 달려가야 하는가? 사도 바울은 '오직' 하나에 집중했다. 그것은 바로 "그리스도 예수께 잡힌 바 된 그것"을 잡으려고 달려갔다. 그것이 무엇인가? 바로 사명이며 소명이라고 할 수 있다. 그것은 푯대 혹은 목표라고 할 수 있다.

우리는 그 푯대를 향해 주님의 손을 잡고 함께 달려가야 한다. 그것을 위해 하나님께서는 우리에게 재능과 은사, 하고 싶은 강한 열망과 소원을 주신다. 세상의 거친 파도 같은 어려움과 고난이 닥칠지라도 폭풍을 잠잠케 하시는 주님께서 우리와 동행하시며, 인도하시며, 보호하시어 마침내 우리를 그분이 기뻐하시는 최종 목적지인 소원의 항구로 이끌어주실 것이다. 그곳에서 우리를 부르신 그분께서 부름의 상을 예비하고 계시기 때문이다. 자, 이제 당신의 차례다. 바울과 똑같을 필요는 없다. 하지만 당신 또한 인생의 목표를 세우고 그 푯대를 향해 달려가야 할 것이다. 그렇다면 당신의 푯대는 무엇인가?

킹덤 코칭 질문

1. 세상적 가치관과 성경적 가치관의 가장 큰 차이는 무엇인가?
2. 당신의 가치관이 성경적임을 어떻게 확신할 수 있는가?
3. 인생의 최종 목적지는 지금의 위치에서 얼마나 떨어져 있는가?
4. 당신의 사명을 이루기 위한 새로운 방법 세가지가 있다면 무엇인가?

CHAPTER **2**

자신을
분석하라

KINGDOM
COACHING

현재상황 단계(Circumstance Stage)

사람들은 부분적으로 현실적 상황에 지배된다.

하지만 과거의 많은 사건을 되돌아볼 때

개인의 의지는 그 역사적 상황마저

바꾸어놓을 수 있는 힘이 있음을 알 수 있다.

지금 주변의 현실을 바라보라. 무엇이 보이는가?

아마도 세상의 높은 파도가 보일 것이다.

그렇다면 당신은 무엇을 준비하고자 하는가?

자신의 상황을 정확하고 냉철하게 분석하여

세상의 장애물을 뛰어넘을 준비가 되어 있는지 궁금하다.

6
MBTI로 자신을 분석하라

주승규 코치

파워 질문

- 청년들이 MBTI 성격검사에 열광하는 이유는 무엇일까?
- 성격 유형과 타고난 잠재력 사이에는 어떠한 관계가 있을까?

MZ 세대가 성격 테스트에 열광하는 이유는 무엇인가? 밀레니얼(Millennials)의 'M'과 제너레이션(Generation)의 'Z'가 합쳐진 용어인 MZ 세대는 1980년대 초반부터 2000년대 초반에 걸쳐 태어난 세대(M)와 1990년대 중반부터 2000년대 초반 사이에 태어난 세대(Z)를 가리킨다. 이들이 바로 지금의 젊은 세대에 속한다. 요즘 젊은 세대는 자기를 인증하고, 자신의 정체성을 드러내는 것을 좋아한다. 그렇기 때문에 아마도 많은 젊은이들이 현재 MBTI를 통해 공감대를 형성하며 관계를 맺는 것 같다.

필자는 2000년대 초반 MBTI 성격검사 전문가 자격증을 취득한 뒤 스포츠스타 사역 등을 위해 세계 3대 스포츠 대회인 월드컵대회, 유니버시아드대회, 올림픽대회 등과 한국과 일본 등에서 많은 분들과 MBTI 성격검사

일본 도쿄에서 축구 선교 모습

를 통해 관계를 맺고 소통하며 복음도 전하고 있다.

MBTI 성격검사를 통해 교회에서의 성경공부는 물론이고 축구부 선수들을 전도할 때 서로 간의 관계 구축과 복음을 전하는 메인 도구로 사용했으며, 그들이 지금까지 하나님의 은혜를 나눌 수 있도록 큰 매개체 역할을 해왔다. 성경 인물에 관한 연구를 할 때는 필수적으로 사용되는 도구였다.

그렇다면 요즘과 같이 가치관의 혼란으로 인해 수많은 청년이 갈 길을 찾기 힘들어할 때는 코칭과 상담을 통해 그들의 이야기를 경청하고 파워풀한 질문을 통해 그들의 인식을 바꾸어줄 수 있는데, 이때 성격검사를 통해 좀 더 정확하게 그들의 길을 함께 찾아줄 수 있는 역할을 하는 좋은 도구가 바로 MBTI 검사다.

나의 MBTI 유형은 무엇이며, 그것은 나를 어떻게 만드는가?

MBTI는 Myers-Briggs Type Indicator의 머리글자를 딴 것으로, 융(C. G. Jung)의 성격유형이론을 근거로 개발된 인간 이해를 위한 성격유형검사다. 현재 MBTI 검사지는 모두 95문항으로 구성되어 있으며, 특히 네 가지 척도의 관점에서 인간을 이해하는 도구다. MBTI의 성격유형은 총 16가지로 나타낼 수 있다. 각 유형의 특징과 강점, 그리고 개발해야 할 부분들에 대해 구체적으로 설명하고자 한다.

성경 인물 중에 '나오미'라는 여인이 있다. 그녀는 삶 가운데서 위기와 상실을 경험한 인물이다. 나라에 흉년이 닥치자 나오미와 그의 가족은 모압 지방으로 잠시 이주할 계획을 세웠다. 솔직히 이민 생활이 얼마나 어려운 삶인가? 그들은 이주한 뒤 낯설고 어려운 생활고로 인해 상당한 스트레스와 고독 등을 경험하게 되었다. 그중에서 가장 큰 어려움은 예상하지도 않았던 남편의 죽음이었으며, 그 뒤로 이어진 모압 지방 여인들과의 결혼 및 두 아들의 죽음이었다.

이렇게 되자 그녀는 모든 것을 잃은 상실감을 느끼게 되었다. 다시 고향으로 돌아온 나오미를 본 동네 사람들도 충격을 받았겠지만, 하나님으로부터 멀리 떨어진 자신의 영적 상태를 볼 때는 더욱 힘들었을 것이다. 그럼에도 그녀의 후반부 인생은 축복으로 가득했다. 자부인 룻을 통해 자식을 다시 얻고, 가정을 새롭게 세웠으며, 끝내는 다윗의 족보에 올라가게 되었다. 그렇다면 성경에 나오는 나오미의 MBTI 유형은 무엇이며, 이 유형은 그녀의 삶에 어떤 역할을 하게 된 것일까? 이와 같은 흥미로운 점에 대해 한번 알아보자.

① ISTJ – 세상의 소금형
- 특징: 오래된 조직을 좋아한다. 부하직원을 부모와 자녀관계 같이 돌보려고 한다.
- 강점: 신중함, 강한 책임감, 조직적으로 일 처리를 한다. 위기에 침착하다.
- 개발: 현상 중시로 장기 안목이 부족하다. 정서 표현에 대한 노력이 필요하다.
- 인물: ISTJ로 여겨지는 성경 인물에는 디모데와 안나가 있다.

② ISFJ – 권력형
- 특징: 자기 의견을 끝까지 주장하지 못하고 다수 의견에 따르게 된다.
- 강점: 온정적, 헌신적, 침착하고 끈기가 있으며 안정을 준다.
- 개발: 남에게 확신을 줄 수 있는 자기 표현력을 연마해야 한다.
- 인물: ISFJ로 여겨지는 성경 인물에는 룻과 디도가 있다.

③ INFJ – 예언자형
- 특징: 영감이 뛰어나고 깊이 있는 통찰력이 있다.
- 강점: 창의력과 통찰력이 뛰어나다.
- 개발: 가슴에 묻어두지 말고 풀어내는 것이 필요하다.
- 인물: INFJ로 여겨지는 성경 인물에는 욥과 누가가 있다.

④ INTJ – 과학자형
- 특징: 아주 이론적이다. ESFP와 INTJ는 서로 잘 맞지 않는 부분도 있다.
- 강점: 내적 신념 및 비전이 대단히 강하고 미래지향적인 삶을 산다.
- 개발: 남을 인정하는 방법을 배울 필요가 있다.
- 인물: INTJ로 여겨지는 성경 인물에는 드보라, 도마 등이 있다.

⑤ ISTP – 백과사전형
- 특징: 고집이 있고 자기주장이 강하다. 말이 없고 내색하지 않는다.
- 강점: 분석적이고 사실을 조직화하는 재능이 있다. 일에 열정을 다한다.
- 개발: 착수하기 전에 모든 측면에 숙고 및 여유가 필요하다.

- 인물: ISTP로 여겨지는 성경 인물에는 예후, 마가 등이 있다.

⑥ ISFP – 성인군자형
- 특징: 현재의 삶을 즐기는 사람이다. 16가지 유형 중 가장 겸손한 타입이다.
- 강점: 마음이 따뜻하고 동정적, 무례하지 않고 겸손하며, 적응력이 뛰어나다.
- 개발: 다른 가능성을 살펴보는 습관이 필요하다.
- 인물: ISFP로 여겨지는 성경 인물에는 마리아(마르다의 동생), 나사로 그리고 아브라함이 있다.

⑦ INFP – 잔 다르크형
- 특징: 현실 감각이 둔하다. 가계부를 소설로 쓴다.
- 장점: 온정적이고 조용하다.
- 개발: 꾸준함을 기르기 위해 아주 작은 일부터 통제력을 갖는 것이 필요하다.
- 인물: INFP로 여겨지는 성경 인물에는 모세와 마리아 등이 있다.

⑧ INTP – 아이디어 뱅크형
- 특징: 행동하기보다 책을 통해 배운다.
- 강점: 과묵하나 관심 분야는 조리 있게 말한다.
- 개발: 현실성 있는 간단한 표현을 익힐 필요가 있다.
- 인물: INTP로 여겨지는 성경 인물에는 사도 요한 등이 있다.

⑨ ESTP – 수완 좋은 활동가형
- 특징: 상식이 풍부하며 정보수집을 많이 한다.
- 강점: 선입견이 없고 개방적이며, 문제해결 시 타협과 모색이 뛰어나다.
- 개발: 행동 중시로 타인의 감정 흐름을 놓치기 쉽다.
- 인물: ESTP로 여겨지는 성경 인물에는 베드로 등이 있다.

⑩ ESFP – 사교적인 유형
- 특징: 쉬는 날은 거의 외출한다. 유혹에 약하다.
- 강점: 친절하고 관용적. 인간 중심의 가치관을 갖고 있다.
- 개발: 즐기는 것 자체를 좋아해서 결과에 소홀할 수 있다.
- 인물: ESFP로 여겨지는 성경 인물에는 야곱과 막달라 마리아 등이 있다.

⑪ ENFP – 스파크형
- 특징: 감정이 얼굴에 잘 드러난다. 새로운 시도를 좋아한다.

- 강점: 열성적이고 창의적. 영감과 통찰력으로 무슨 일이든 척척 해낸다.
- 개발: 일의 우선순위를 선별하는 노력이 필요하다.
- 인물: ENFP로 여겨지는 성경 인물에는 다윗 등이 있다.

⑫ ENTP – 발명가형
- 특징: 한 번 들은 얘기를 또 듣는 걸 싫어한다. 마음만 먹으면 못하는 것이 없다.
- 강점: 독창적 혁신가. 넓은 안목과 다방면에 재능이 많다.
- 개발: 지나치게 이상 중심이다. 현실의 중요성도 알아야 한다.
- 인물: ENTP로 여겨지는 성경 인물에는 솔로몬과 미리암 등이 있다.

⑬ ESTJ – 사업가형
- 특징: 감정이 잘 드러나 직설적인 언어로 표현한다.
- 강점: 사업, 조직을 이끄는 타고난 재능이 있다. 규칙을 중시한다.
- 개발: 인간 중심의 가치와 타인 관점의 이해 증진이 필요하다.
- 인물: ESTJ로 여겨지는 성경 인물에는 마태, 마르다, 야고보 등이 있다.

⑭ ESFJ – 친선도모형
- 특징: 신나고 재미있는 사람이다. 타인의 인정을 받는 데 아주 민감하다.
- 강점: 동정심과 동료애가 넘친다. 인화를 도모하여 잘 돕는다.
- 개발: 상황을 이해하기 전에 결론을 내는 위험성을 내포하고 있다.
- 인물: ESFJ로 여겨지는 성경 인물에는 스데반과 사라 등이 있다.

⑮ ENFJ – 언변 능숙형
- 특징: 마음이 약하고 남의 의견에 동화를 잘하는 편이다.
- 강점: 친절하고 재치 있으며, 인화를 중시한다. 민첩하고 인내심이 강하다.
- 개발: 간결하고 객관적이 되려는 노력이 필요하다.
- 인물: ENFJ로 여겨지는 성경 인물에는 에스더와 바나바 등이 있다.

⑯ ENTJ – 지도자형
- 특징: 타고난 지도자형. 조직적, 체계적 그리고 계획적이다. 상상을 많이 한다.
- 강점: 활동적·논리적·분석적이며, 행정적인 일과 장기 계획에 능하다.
- 개발: 타인의 의견에 귀 기울일 필요가 있다.
- 인물: ENTJ로 여겨지는 성경 인물에는 요셉, 느헤미야, 아비가일 등이 있다.

위의 각 유형별 특징에 따르면 '수완 좋은 활동가형'에는 베드로가 속한다고 한다. 그는 성경의 여러 가지 사건에서 타인의 감정보다는 행동에 집중했으며, 동시에 재치 있게 위기를 모면하는 모습도 보여주고 있다. 그렇다면 당신의 MBTI 유형은 무엇인가? 자신에게 맞는 특징 및 강점 등을 아래 표에 채워본 뒤 다른 이들과 나누어보자.

My MBTI

- 유형 _____
- 특징 _____
- 강점 _____
- 개발 _____
- 인물 _____

사람을 세우기 위해 각 MBTI 유형에 따른 대화법이 존재한다?

모든 사람은 각자의 성격 유형을 가지고 있다. 그리고 이러한 유형은 바뀔 수도 있다. 즉, 평생을 살면서 어느 한 유형만 갖고 살지는 않는다. 아마도 그 이유는 그가 처한 상황이 그 사람을 바꾸기 때문에 그럴 것이다. 만일 당신 주변에 어떠한 사람이 문제를 가지고 있거나 혹은 어떠한 목표를 가지고 있을 때 그에게 어떠한 변혁적인 질문을 함으로써 그를 가둔 사고의 틀에서 벗어나게 할 수 있는가? 이것이 바로 코칭의 마법이다. 즉, 각 사람이 가지고 있지만 보이지 않던 잠재력을 끌어내어 목표를 성취하거나 문제를 풀어낼 수 있도록 돕는 것이다. 이때 가장 중요한 요소 중의 하나가 바로 '변혁적 질문'이다. 당신은 혹시 인생을 살면서 자신을 가두어놓은 어떠한 사고의 틀에서 벗어나 바깥 세상을 보게 만든 질문을 받은 기억이 나는가? 그러한 질문들은 어떤 유형이었는가? 세 가지 유형을 살펴보고자 한다.

INTJ 유형 사람들의 이들의 주된 특징은 아주 이론적인 유형이라는 것이다. 내적 신념 및 비전이 대단히 강하고, 미래지향적 삶을 사는 유형이다. 이들은 분명하게 자신들이 원하는 것을 알고 있기에 목표 설정 또한 좁게 설정하는 경향이 있다. 그러므로 이들에게는 다음과 같은 질문을 통해 마음을 더 열게 하고, 포부를 크게 할 수 있어야 할 것이다.

- 성공적인 단기 코칭을 마친 뒤에 장기목표를 세운다면 그것은 무엇일까?
- 장기적인 목표를 달성했을 때 그 순간에 느끼는 감정은 어떠할까?
- 그러한 목표를 이룬 당신은 어떤 사람일까?

ESTJ 유형 사람들은 기본적으로 감정에 충실한 편이다. 그래서 직설적으로 자신의 마음을 표현하는 유형이다. 타고난 리더십으로 조직을 탁월하게 이끄는 힘이 있으며, 규칙을 중요시하는 반면에 타인들의 감정과 가치에 대한 이해는 비교적 빈약한 편이다. 이들과의 대화 및 관계에서 성공하고자 한다면 아래와 같은 유형의 질문들이 효과적이다.

- 지금까지 말한 상황에서 당신이 적용하고자 하는 원칙은 무엇인가?

- 자신의 결정이 올바르다는 것을 어떻게 증명하고자 하는가?
- 만일 그 조건이 완벽하지 않다면 어떠한 상황이 벌어질 것이라 예상하는가?

    ENFJ 유형 사람들은 마음이 유하고, 남의 의견에 잘 휩쓸리는 편이다. 또한 인내심이 강하고 친절한 편이지만, 되도록이면 좀 더 간결하고 객관적이 되려는 노력이 필요하다. 그러므로 이들에게는 목표 설정 단계가 약간은 어려울 수 있으며, 동시에 상대방이 자신들의 이야기를 많이 들어주기 원한다는 것을 기억해야 한다.

- 삶에서 진정으로 원하는 것은 무엇인가?
- 왜 이러한 것들이 당신에게 매우 중요한가?
- 당신에게 꼭 필요한 것이라고 생각되는 또 다른 목표가 있는가?

킹덤 코칭 질문

1. 당신의 MBTI 성격검사의 결과에 얼마나 만족하는가?
2. 성격검사의 결과에 따라 자신이 보완해야 할 점은 무엇인가?
3. 결과에 따라 장점을 세우고 약점을 보완하면 나 자신이 어떻게 바뀔 것 같은가?
4. 하나님께서는 내 성격의 어떠한 면을 그분의 계획을 위해 사용하실까?

7
다섯 막대기 이고그램

웬디전 코치

파워 질문

- 행복을 찾아가는 여정에서 당신이 부딪치는 관계적 장애물은 무엇인가?
- 다른 이들과의 관계를 극복하고자 할 때 당신의 어떤 점을 활용하는가?

세상 사람은 누구나 행복하기를 원한다. 행복하려면 다른 사람들과의 관계가 원만해야 한다. 그러기 위해 자신이 지금 어떤 상황에 있는지, 어떤 사람인지, 어떠한 행동 특성을 갖고 있으며, 왜 그렇게 행동하는지에 대한 자기이해가 선행되어야 다른 사람과 원만한 관계를 이룰 수 있다.

지구상에는 대략 79억의 사람들이 살고 있다고 한다. 그중 그 누구도 성격이나 얼굴이 똑같지 않다. 같은 환경에서 자란 형제자매 혹은 쌍둥이도 완전히 똑같지는 않다. '나'라는 사람은 세상에 단 한 명뿐인 조물주의 걸작품이다. 그렇다면, 나는 누구인가?(Who am I?) 이고그램(Ego-Gram)이 바로 그것을 설명해주는 도구다. 이고그램은 한마디로 개인의 성격을 '다섯 개의 막대 그림'으로 나타낸 것이라고 보면 된다.

그렇다면 왜 '이고그램'일까? 우선, 검사가 간단하고 정확도가 매우 높다는 점이 매력적이다. 이 검사를 통해 정확하게 알 수 있는 사항은 현재 사용하는 에너지, 사용하고 있지 않은 에너지가 무엇인지를 알 수 있다는 점이다. 그리고 가장 탁월하게 나타나는 현상은 진단과 이해 그리고 치료와 처방이 가능하다는 점이다. 또한 내담자에게 심리적인 에너지의 균형과 유지 방법을 제시할 수 있다. 특히 자기이해와 자기성찰 기회를 제공하는 것이 이 검사의 특징이다.

이고그램은 심리학의 제3세력인 인본주의에 속하는 정신의학자 에릭 번(Eric Berne)에 의해 창시된 교류 분석(Transactional Analysis)을 기반으로 시작되었으며, 한국에서는 한국이고그램연구소의 김종호 박사에 의해 한국인의 문화와 정서를 반영하고 신뢰도와 타당도를 갖춘 한국형 이고그램으로 발전하게 되었다.

나의 모습, 너의 모습, 행복한 관계의 모습 '이고그램'

당신은 무엇에 의해 행복감을 느끼는가? 타인의 성공 이야기에 도취한 사람도 있고, 자녀들이 건강하게 자라나는 모습에 만족하거나 혹은 자신이 속한 사회와 세상이 아름답게 변화되는 모습에서 행복감을 찾곤 한다. 하지만 대부분의 사람은 본인들이 늘 만나는 타인과의 관계 속에서 승리했을 경우 매우 만족감을 얻고 행복 수치도 높다고 한다.

이에 많은 사람은 다른 사람이 자신을 어떻게 평가하고 어떤 사람으로 보고 있는가를 다루기보다 자신에 대한 명확한 이해는 물론이고 타인과의 관계에 더욱 관심을 갖게 된다. 이를 통해 깨진 관계가 회복되고, 각자 처한 삶에 대한 충만감을 높일 수 있다고 한다. 그렇다면 당신은 어떤가? 지금 당신은 타인과의 관계에서 만족감을 느끼고 있는가? 그리고 삶에 대한 충만한 행복감을 가지고 있다고 말할 수 있는가?

📍 똑같은 상황을 보고도 다르게 반응하는 이유는 무엇인가?

다음은 어느 젊은 청년이 난폭 운전을 하여 교통 사고를 낸 현장 사진이다. 당시 사고 현장 주변에는 여러 사람이 있었다. 그 사람들은 각자 서로

의 의견을 말하고 있었다. 여기서 궁금한 점은 그 사고를 목격한 사람들의 반응이다. 과연 그들은 어떠한 반응을 나타냈을까?

> P형 반응: 젊은 사람이 조심하지 않고… 결국 사고를 내고 말았구
> 나. 쯧쯧…
> A형 반응: 어떻게 해서 사고가 났을까? 몇 사람이나 다쳤을까? 우
> 선 구급차부터 불러야겠군.
> C형 반응: 사고네… 구경하고 가자. 그런데 사고가 나니 끔찍하고
> 무섭네.

위와 같이 세 가지 유형의 반응을 살펴볼 수 있는데, 교류 분석의 성격 이론은 사람의 자아 상태를 세 가지로 구분하여 각각 '어버이(Parent)', '어른

TA(Transactional Analysis) 성격이론: 성격의 구조와 기능

성격의 구조			성격의 기능	
P (Parent)	어버이 자아 상태	도덕/가치 권위, 비판 보호, 양육	**CP** (Critical Parent)	비판적 어버이 자아
			NP (Nurturing Parent)	양육적 어버이 자아
A (Adult)	어른 자아 상태	사실/정보 논리, 합리 타산, 기계	**A** (Adult)	합리적 어른 자아
C (Child)	어린이 자아 상태	감정/느낌 본능, 직관 순응, 폐쇄	**FC** (Free Child)	자유로운 어린이 자아
			AC (Adapted Child)	순응하는 어린이 자아

(Adult)' 그리고 '어린이(Child)'로 나누어진다는 이론에 근거한다. 그러므로 같은 현상을 보고도 자아 구조에 따라 제각기 다른 반응이 나타나게 된다.

그리고 좀 더 상세하게 나눈다면, 위의 표처럼 이 세 가지 성격의 구조는 다시 다섯 가지 성격의 기능으로 나누어진다. 예를 들어, 어버이(Parent) 구조는 '엄격한 아버지형(Critical Parent)'과 '헌신적 어머니형(Nurturing Parent)'으로 나뉘고, 어른(Adult) 구조는 '냉철한 컴퓨터형' 기능 그대로, 그리고 어린이(Child) 구조는 '천진난만한 개구쟁이형(Free Child)'과 '길들여진 의존형(Adapted

TA(Transactional Analysis) 성격이론: 기능 분석

CP	긍정성	잘잘못을 구분한다. 자신의 신념과 가치관으로 리더십을 발휘한다.
	부정성	위압적이고 강압적이며, 권위적이고 엄격하다. 상대의 가치를 받아들이려 하지 않는다.
NP	긍정성	남의 어려움을 도와주고 상대를 배려한다. 마음이 온화하여 상대를 지지하고 격려한다.
	부정성	보호하는 마음이 커서 간섭하는 사람처럼 보인다. 동정적이어서 남의 부탁을 거절하지 못한다.
A	긍정성	사실에 근거해 판단하고 분석적·계획적이다. 사물을 이성적이고 논리적인 사고로 접근한다.
	부정성	기계적으로 일을 수행하여 냉정한 느낌을 준다. 완전함을 추구하고, 감정 표현이 인색하다.
FC	긍정성	감정과 행동을 자유롭고 자연스럽게 표출한다. 생활을 즐기고, 호기심과 창조성이 풍부하다.
	부정성	감정 절제가 어렵고, 충동적이며 자기도취적이다. 실수나 경솔한 행동을 하기 쉬워 가볍게 보인다.
AC	긍정성	상대에게 순응적이고 협조적이다. 의사결정에서 신중하고 조심성이 있다.
	부정성	상대의 눈치를 보거나 비위를 맞추려 한다. 자신의 감정을 표현하지 않고 억누른다.

Child)'으로 나뉜다.

위에 나타난 다섯 가지 유형의 성격 기능은 각각 긍정성과 부정성이라는 특징을 가지고 있다. 사람에 따라서는 타인과의 관계에서 긍정성 위주로 작동하는 사람이 있고, 혹은 부정성이 더 높게 작동하는 사람이 있다. 물론 긍정성과 부정성을 함께 작동시키는 이들 또한 많이 있다는 사실에도 주목해야 할 것이다.

그렇다면 대상에 따라 다르게 반응하는 나는 누구일까?

이고그램 검사를 분석해보면 유형과 해석 모두 다양하게 나오고 있다는 점에 주의해야 한다. 건강한 자아상은 객관적이고 합리적인 어른(Adult) 자아상이 가장 높게 솟아 있고, 좌우 날개가 완만한 모양을 띠게 된다. 그런데 솔직히 말하면, 그러한 이상적인 모습이 우리의 현재 모습은 아니라는 점이다. 그러므로 관계적인 측면에서 보면 각 사람의 편향성을 이해하면서 서로 수용할 때 원만한 관계가 이루어질 수 있다. 아래에는 두 가지 관계적 샘플 모습이 나오는데, 각각의 모습이 그리는 이야기를 보면서 현재 자신과 다른 사람들과의 관계를 생각해보고 이고그램을 통해 자신의 어떤 부분은 성장시키고 또한 어떤 부분은 자제해야 할지 분석해보는 시간을 갖도록 하자.

사례 1. P(Parent) 구조 편향에 AC 주도형

"세상 삶이 재미가 없어요. 저는 본래 순종적이고 윗사람의 말을 잘 듣고 따르는 차분한 성격의 소유자입니다. 마음에 들지 않는 상황에서도 잘 참고 견디며 자신의 도리를 지켰고, 주어진 역할 또한 불평불만하지 않고 신중하게 수행했던 나였습니다. 그런데 최근에 알 수 없는 분노가 치솟고, 온몸이 부들부들 떨리는 현상이 나타나곤 해요."

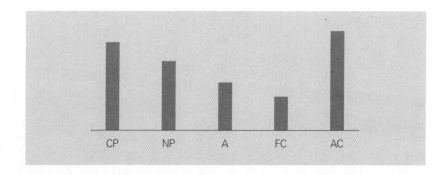

이는 이고그램 검사 결과가 위의 그래프처럼 나왔을 경우다. 이러한 유형은 조용하고 차분하여 들뜬 분위기를 좋아하지 않는다. 어떤 상황에서도 나서기를 선호하지 않고, 다른 사람들의 생각과 행동 또는 상황을 파악하려고 노력하고 지켜보며 기다리는 경향이 있다. 고분고분하고 타인의 의견에 잘 따르고 순응하지만, 내면의 구조가 가치판단적 성향으로 되어 있어 분명하게 옳고 그름의 명확한 잣대를 가지고 있다. 또한 일에 대한 책임감이 강하고 사명감이 있어 일상생활에서 나태하지 않고, 조용하고 차분하게 리더십을 발휘한다. 그리고 개인적인 사정과 입장을 내세워 핑계대지 않으며 타인의 기분을 자극하지는 않지만, 엄격한 자기통제와 단호한 비판적 성향이 있는 유형이다.

이러한 유형의 사람들에게는 다음과 같은 코칭식 질문을 통해 자신을 돌아보게 하고, 자신의 기분과 감정을 솔직하게 표현하여 자신을 가두고 있는 울타리에서 벗어나 바깥 세상으로 나아가게 함으로써 좀 더 적극적이고 긍정적인 관계를 지향하고, 그러한 삶을 살아갈 수 있도록 도울 수 있다.

- 당신은 다른 사람들과 얼마나 자주 솔직한 감정을 나누고 있나요?
- 다른 사람들에게 솔직히 드러내지 못하고 감추고자 하는 이유는 무엇인가요?
- 어떤 순간에 당신은 자신에 대해 충분한 자신감을 갖지 못하나요?
- 당신이 생각하는 가장 자랑스러운 자신은 어떠한 모습인가요?

그리고 이러한 질문들을 당신 자신에게도 동일하게 해보라. 그리고 각각의 답을 노트에 적은 뒤 현재 자신의 모습을 명확하게 그려보고, 또한 앞으로 1년 뒤에는 타인과의 관계에서 어떠한 모습으로 바뀌어 있으면 좋을지 기대하면서 주변 사람들과 함께 각자의 의견을 나누어보자.

사례 2. C(Child) 구조 편향에 NP 주도형

"나만 이상한 사람 같아요. 이해득실을 잘 따지지 않고, 다른 사람의 잘잘못도 나무라거나 지적하지 않습니다. 나 한 사람의 희생과 봉사로 모두가 행복하고 그 사람이 처한 어려움을 해결해줄 수만 있다면 언제든지 돕고 위로하는 것이 기쁨이고 보람이었습니다. 그런데 최근 본인들의 잘못됨이 나 때문이라는 원망과 질책들이 있는데, 솔직히 너무 힘들고 괴롭습니다."

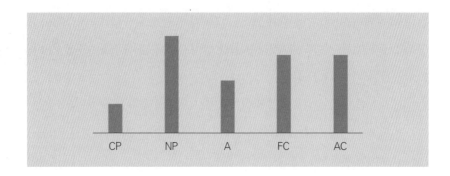

이러한 상황은 이고그램의 결과가 위와 같이 나왔을 경우다. 이러한 유형의 사람들은 자신과 타인의 기분과 감정을 잘 고려해서 함께 즐기고 느끼는 풍성한 감성적 성향의 소유자다. 자신의 기분이나 주장을 고집스럽게 끝까지 내세우거나, 쉽게 기가 죽고 꺾이거나 주눅이 들지 않는 순응함과 명랑함을 겸비한 특성이 있다. 서로의 입장과 기분에 따른 적절한 반응으로 분위기와 상황을 중시하고, 감정의 기복이 크지 않아 안정적인 분위기를 선호하는 경향이 있다. 이러한 유형들은 일과 사람을 대할 때 자신의 득실보다는 다른 사람의 입장을 먼저 고려하는 긍정적 이타 중심의 리더십을 발휘하곤 한다.

이러한 유형의 사람들에게는 다음과 같은 코칭식 질문을 통해 생각과 판단을 소신껏 주장하게 함으로써 '아닌 것은 아니다'라고 표현하는 자신감을 길러 책임감과 자기중심적인 리더십을 발휘하도록 하는 것이 좋다.

- 당신에게 '솔직함'은 무슨 뜻일까요?
- 소원을 들어주는 요정인 '지니'에게 요청한다면, 어떠한 소원을 말할 건가요?
- 당신이 '아닌 것은 아니다'라고 타인에게 표현할 때 어떤 감정을 느

낄까요?

• '당당하게 자신을 표현하는' 당신은 도대체 어떤 사람인가요?

    이러한 사례 외에도 검사 결과는 수많은 다른 모습으로 나올 수 있다. 하지만 분명한 것은 각각의 유형들에 하나님께서 허락하신 '긍정적인 에너지'가 있다는 것이다. 이러한 긍정성 에너지를 활성화한다면 타인과의 관계에서 늘 승리할 수 있을 것이다. 당신은 어떤가? 당신이 타인과의 관계에서 늘 승리할 자신감이 있다면 무엇 때문인지 그 주된 이유를 말해줄 수 있는가?

킹덤 코칭 질문

1. 타인과의 관계가 '인생에서의 행복'에 얼마만큼 큰 비중을 차지할까?

2. 나의 가장 아픈 손과 가장 아름다운 손은 어떤 모습일까?

3. 더 아름다운 삶을 위해 내가 변화시켜야 할 부분은 무엇인가?

4. 대상과 상황에 맞는 에너지를 작동하기 위한 나의 지혜는 무엇일까?

8
효과적인 습관의 중요성

강형란 코치

파워 질문

- 나의 평소의 습관 리스트에는 어떠한 것들이 있는가?
- 좋은 습관과 나쁜 습관의 세 가지 차이점이 있다면 무엇인가?

자신의 꿈이 무엇인지도 모르고, 혹은 나름의 꿈이 있지만 부모님과 주변 사람들의 기대에 부응하기 위해 완전히 다른 길로 가면서 고민하고 방황하는 청소년이 많다. 하지만 한 번뿐인 내 인생, 누군가의 눈높이가 아닌 자신만의 소신 있는 자세로 행복하고 후회 없는 삶을 살아가는 사람이 곧 '리더'가 아닐까 생각한다.

윈스턴 처칠은 이런 말을 했다. "비관론자는 어떠한 때라도 어려움을 먼저 바라본다. 하지만 낙관주의자는 어떠한 어려운 상황에서도 기회를 찾는다."

그렇다. 어떤 문제에 부딪혔을 때 긍정적이고 적극적인 사고는 문제를 해결하는 데 도움이 된다. 부정적이고 소극적인 태도와 생각은 문제를 해결하기보다 더 악화시키는 결과를 초래할 수 있다. 잠시 멈추어 문제를 객관적으로 바라보자. 무조건 안 될 것이라는 부정적인 생각을 버리고, 긍정적이고 적극적인 자세로 끝까지 포기하지 말자. 그러면 분명히 조금 느리더라도 차근차근 엉킨 실타래를 풀 수 있는 시초를 찾을 수 있을 것이다.

성경 데살로니가전서 5장 18절에서 사도 바울은 "범사에 감사하라 이것이 그리스도 예수 안에서 너희를 향하신 하나님의 뜻이니라"라고 하나님이 우리를 향한 뜻이 어떤 경우에도 감사하는 삶임을 선포한다.

사람은 누구나 성공을 꿈꾼다. 많은 사람이 성공에 관련된 책을 읽으려 하고, 강의를 들으려 하는 것만 보더라도 쉽게 알 수 있다. 운동하면서 자신을 다듬고 가꾸기도 한다. 성공에 도달하고 싶기 때문이다. 그런데 성공하는 사람들은 일반 사람들과 무엇이 다르기에 탁월하게 성공하는 삶을 살아갈 수 있는 것일까?

성공한 사람들의 머릿속에는 실패할 거라는 생각을 하지 않는다. 오히려 머릿속에 이미지를 그리면서 어떤 과정을 거쳐 성공에 다다를 수 있을지에 대한 과정을 그리는 연습을 한다. 우리의 뇌는 신기할 정도로 우리가 생각하는 대로 이미지를 떠올려 몸에 신호를 보내 움직이도록 만든다. 우리의 행동 하나하나를 그 이미지에 연결한다. 성공하는 사람들은 성공하는 이미지를 만드는 연습을 어떻게든 연습하는 것이다.

사람에게 주어진 시간이라는 것은 가장 소중한 가치다. 한번 흘러간 시간은 되돌아오지 않기 때문이다. 성공한 사람들은 이에 대해 명확한 이해를 하고, 그 시간을 놓치지 않으려고 두렵지만 긍정적인 자아 이미지를 형성하여 정면으로 돌파한다. 사소한 문제라도 결심과 동시에 과감히 단호함을 가지고 실천하여 처리하려고 노력한다. 확고한 자아 이미지를 형성하기 위해서다. 또한 선택했다면 더 이상 걱정하지 않고 그 자체를 인정한다.

성공으로 옮기는 발걸음은 쉽지 않다. 어떻게 헤쳐나가야 할지, 무엇을 해야 할지 자주 고민되기도 한다. 스스로 긍정적인 자아 이미지를 형성한다면 무엇을 어떻게 해야 할 것인지를 스스로 깨닫게 되는 것이다.

영화 〈철의 여인(The Iron Lady)〉에서 영국 총리 마거릿 대처의 대사다.

"생각을 조심하라. 그것은 곧 너의 말이 된다.
말을 조심하라. 그것은 곧 너의 행동이 된다.
행동을 조심하라. 그것은 곧 너의 습관이 된다.
습관을 조심하라. 그것은 곧 너의 성격이 된다.
성격을 조심하라. 그것은 곧 너의 운명이 된다.
우리는 생각하는 대로 된다."

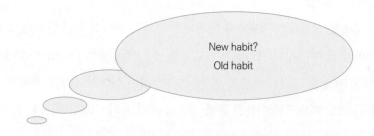

나의 좋은 습관을 효과적으로 발전시키려면 어떻게 해야
할까?

(1) 나의 To-Do 리스트 작성하기

To-Do 리스트는 해야 할 일을 모두 정리한 목록을 말한다. 해야 할 일
을 알기 쉽게 시각화하여 작업의 우선순위를 매기고 시간 관리를 쉽게 하기
위한 목록이다.

나의 좋은 습관을 발전시키기 위한 'To-Do 리스트'를 작성해보자.

* 작성하기 위한 준비
  - 메모지에 좋은 습관, 나쁜 습관 메모하기
  - 내가 할 수 있는 것 메모하기
  - 우선순위 정하기
  - 어떻게 실천할지 정하기
  - 언제부터 시작할지 정하기

(2) 나의 습관 분류하기

	좋은 습관	나쁜 습관
실천하기 쉬운 습관		
실천하기 어려운 습관		

(3) 실천을 효과적으로 할 수 있는 전략

　　- 그룹을 만든다.

　　- 일일 · 주간 · 월간 리스트를 작성한다.

　　- 일일 · 주간마다 실천한 것을 체크해서 SNS로 공유한다.

　　- 서로 격려한다.

성공하는 사람들의 일곱 가지 습관은 무엇일까?

　　우리는 살면서 많은 것을 느낀다. 그런데 '습관'이라는 단어가 우리의 삶을 바꿔놓고 있다. 영국 속담에 "처음에는 우리가 습관을 만들어야 하지만, 나중에는 습관이 우리의 운명을 바꾸어준다"라는 말이 있다.

　　스티븐 코비의 《성공하는 사람들의 7가지 습관》을 보면, 자기 경험을 중심에 둔 채 여러 사람과 상담하고 컨설팅을 제공하면서 자기 삶과 다른 이들의 삶이 어떤 습관을 통해 성공적인 삶으로 변화했는지 이야기한다.

• 습관 1: 자기 삶을 주도하라

자기 삶을 주도하라는 의미는 "자신이 삶의 주체가 되고 그에 대한 책임을 지라는 것"으로 정리할 수 있다. 삶을 살아감에 있어서 자기 주변에서 일어나는 모든 일에 대해 자신에게 책임이 있음을 인지할 때 삶을 주도할 수 있다.

• 습관 2: 끝을 생각하며 시작하라

스티븐 코비는 "모든 일을 계획할 때 내 생이 끝날 때 내가 어떻게 기억될지에 대해 생각하며 계획하라"고 말한다. 그렇기에 삶의 목적에 대한 사명서를 작성하고(가능하면 구체적으로), 그에 맞는 원칙에 따라 삶의 방향을 잡으라는 것이다.

• 습관 3: 소중한 것을 먼저 하라

습관 2에서 정한 원칙과 사명에 따라 나에게 소중한 것이 무엇인지를 먼저 파악하고, 가장 먼저 해야 할 것에 대한 우선순위를 정할 것을 이야기한다.

• 습관 4: 승-승을 생각하라

승-승을 끌어내는 협상의 자세는 개인의 삶에서 대인관계의 성공과 협동을 구할 수 있게 되며, 이렇게 형성된 인간관계를 통해 성공을 끌어낼 수 있다고 말한다.

• 습관 5: 먼저 이해하고 다음에 이해시켜라

경청에 관한 이야기다. 남의 이야기를 어떤 자세로 어떻게 들어야 하는지 상당히 자세하게 설명한다. 특히 자녀와 미래에 관해 이야기하는 과정이나 남들과 이야기하는 과정에서 자기 경험을 이용해 다른 사람의 상황을 이해하고자 하는 버릇에 대해 비판하며, 다른 사람의 말에 더 경청하고 이를 통해 공감하는 능력을 갖추어야 한다고 이야기한다.

• 습관 6: 시너지를 내라

업무를 진행하거나 일하면서, 또는 사업 계획서를 쓰면서 '시너지'라는 표현을 정말 많이 사용한다. 문제는 시너지의 의미를 정확하게 무엇인지 모른다는 점이다. 시너지란 "따로 떨어져서는 이룰 수 없는 것을 둘이 같이 해서 성공시키거나 예상 이상의 결과를 끌어낼 수 있다"는 뜻이다. 다양한 습관과 연계되면서 다른 사람들과의 발전된 관계를 통해 더 나은 협력과 결과를 만들어내라는 것이다. 남들과 더 많이 소통하고 공감하면서 서로의 목표를 공동으로 달성하기 위해 노력한다면 상호 간의 존중과 이해를 바탕으로 진정한 시너지를 만들어낼 수 있다.

• 습관 7: 끊임없이 쇄신하라

스티븐 코비는 "장기적으로 성공하기 위해서는 기도, 운동과 봉사활동, 독서 등을 통해 몸과 마음, 영혼을 건강하게 유지하고 쇄신해야 한다"고 말한다. 기도, 운동이나 독서는 꾸준히 하려고 노력하는 것이 중요하다. 책을 통해 얻은 지식을 생활에서 어떻게 활용하는지도 매우 중요하며, 지식을 쌓아가면서 나만의 원칙을 세워나가는 것 역시 나의 삶을 변화시키는 데 많은 도움을 준다고 생각한다.

📍
성경 인물 요셉의 이야기를 통해 본 영적 리더십의 특징은 무엇인가?

　소년 시절 하나님께서 주신 꿈을 붙들고 하나님의 인도하심에 따라 애굽의 국무총리가 되어 애굽의 7년 풍년과 7년 흉년이 가져다줄 국가경제 위기를 슬기롭게 극복한 요셉은 영적 리더로서의 덕목을 갖춘 리더였다. 또한 그의 위기 극복 리더십은 오늘날 국가나 기업 등 조직이 미래의 불확실한 위험 요소를 최소화하기 위한 경영 기법으로 평가받는 시나리오 경영의 최초 실행이었다.

　궁극적으로 요셉은 그리스도의 한 유형으로 볼 수 있다. 즉, 기근으로부터 이스라엘을 구원한 요셉은 영적 기근으로부터 세상을 구원한 예수 그리스도와 연결될 수 있다. 21세기가 필요로 하는 기독교적 리더십의 자질과 요소를 갖춘 요셉의 리더십 특성을 알아보자.

　첫째, 요셉의 영적 리더십 자질은 자신의 투명성(integrity)을 통해 드러났다. 투명성은 기본적으로 개인의 사적인 행동과 공적인 행동에 일관성이 있어야 함을 의미한다. 요셉을 만난 모든 사람은 그가 신뢰할 만한 사람이었기에 젊은 시절 노예가 되어 애굽에서 바로의 친위대장 보디발에게 팔려 갔던 상황에도 가정 총무가 되었으며, 그의 소유를 다 요셉의 손에 위탁하고 자기가 먹는 음식 외에는 간섭하지 않았다(창 39: 4, 6). 그 후 억울한 누명을 쓰고 투옥되었을 때도 간수장에게 은혜를 받게 되고, 간수장이 옥중 죄수를 다 요셉의 손에 맡기게 되었다(창 39:21-22).

　둘째, 진정한 리더로서 요셉은 겸손했다. 애굽 전체를 통치하는 권력을 부여받고 제2인자로 지위가 상승했음에도 요셉은 자기 능력과 권위가 궁극적으로 하나님으로부터 왔다는 관점을 잃지 않았다.

셋째, 요셉은 오랜 연단을 통해 인내심을 갖도록 훈련되어 있었다. 13년 동안 보디발의 가정 총무와 옥중 생활의 연단을 통해 장기적인 안목을 가지고 있었고, 따라서 아무리 자신의 상황이 어렵더라도 하나님이 주신 꿈을 잊지 않고 인내하며 그 연단을 감당했다. 요셉은 비록 이해되지 않는 상황에서도 하나님의 섭리를 인정하고 인내하며, 하나님의 때를 기다릴 줄 아는 지혜와 믿음의 소유자였다.

넷째, 요셉의 진정한 영적 리더십 자질은 그의 은혜와 용서에서 입증되었다. 요셉은 자신에게 잔인하고 불의한 일을 행한 형제들에게 복수할 능력과 권한이 있었지만, 자신의 권리를 행사하기보다는 형제들을 용서하고 오히려 민족의 앞날을 예비하기 위해 하나님께서 주권적으로 인도해주셨음으로 인해 하나님께 영광을 돌렸다(창 45:4-15).

다섯째, 요셉은 비전(꿈)의 사람이었고, 비전(꿈)은 요셉의 영적 리더십에서 중요한 부분이다. 소년 시절 하나님께서 주신 비전(꿈)을 평생 간직하며 그 꿈을 기대했다. 그는 꿈과 같이 애굽의 총리가 되어 다가올 국가경제 위기를 실질적으로 대비하는 임무를 수행할 때 흉년과 풍년의 때를 대비한 정책을 세우고 체계적으로 준비했으며, 하나님의 사명을 충성되게 잘 수행했다.

요셉의 리더십을 정리한 글을 읽어보고 자신을 돌아보며 나누는 시간을 갖자.

_____

_____

_____

_____

_____

_____

_____

_____

* 다음 질문을 기록해보자.
 – 그룹으로 활동한다.
 – 내가 체크한 이유를 서로 나눈다.
 – 어떻게 보완할 수 있을지 서로 나눈다.

질문	매우 그렇다	그렇다	보통	아니다	전혀 아니다
1. 나는 정직한 사람이다.					
2. 나는 겸손한 사람이다.					
3. 나는 인내심이 강하다.					
4. 나는 성경 말씀에 은혜를 받는다.					
5. 나는 사랑과 용서의 사람이다.					
6. 나는 하나님이 기뻐하실 비전이 있다.					

"하나님은 당신이 어떤 일을 스스로 할 수 있도록 힘을 주시지만,

그 일을 대신해주지는 않으신다." - 전도자 밥 존스(1883~1968)

1. 내가 성장시키고자 하는 습관이 있다면 그것은 무엇인가?

2. 지금 당장 버리고 싶은 두 가지 나쁜 습관은 무엇인가?

3. 풍성한 삶을 위해 앞으로 갖고 싶은 습관 세 가지를 선택한다면?

4. 그 습관이 온전히 당신의 것이 되었을 때 어떠한 변화를 기대하는가?

9
리더의 시간 관리법

서지선 코치

누구에게나 매일 24시간의 선물이 주어진다. 그리고 이 세상의 모든 사람은 자신들의 삶의 시계가 행복하게 움직이기 원한다. 가족, 모임, 건강, 경제, 지식, 종교 등 각 삶의 영역에 적절하게 시간이 잘 분배되기 바라지만, 왠지 생각처럼 되는 것 같지는 않다. 그렇다면, 효과적인 시간 관리는 어떻게 해야 하는 것일까?

긍정심리학자 마틴 셀리그만(Martin Seligman)에 따르면 "자신에게 주어진 시간을 즐거운 일과 몰두하면서 할 수 있는 일, 그리고 의미 있는 일에 투자하는 것이 행복한 삶을 살아가는 것"이라고 한다. 그렇다면, 즐거움을 위한 시간 투자에는 어떠한 것들이 있을까? 아마도 가족과의 저녁 식사, 연인과 영화를 보는 즐거움, 그리고 친구와 함께하는 수다 떨기 등이 있을 것이다.

또한 더 나은 나의 모습을 위해 몰두해서 할 수 있는 지식 함량, 스킬 향상 그리고 스포츠 활동 등 적절한 목표와 난이도가 있고 변화의 추이를 느낄 수 있는 능동적인 여가 활동에 시간을 투자하는 것도 삶을 충만하게 보낼 수 있는 좋은 방법이다.

그리고 도움이 필요한 누군가에게 나의 지식과 경험을 공유하고, 이야기를 경청하고, 공감하며 보내는 시간은 의미 있는 시간 투자로 진정으로 행복한 투자일 것이다. 그렇다면 여러분은 어떠한가? 당신은 지금 즐거움과 충만함 그리고 의미 있는 삶을 위해 얼마만큼의 시간을 사용하고 있는가? 아래 각각의 공란에 자신이 현재 투자하고 있는 활동을 세 가지씩 적고 함께 나누어보자.

Pleasant Life	Engaged Life	Meaningful Life
_____	_____	_____
_____	_____	_____
_____	_____	_____

하루 일과 혹은 한 달 계획을 어떻게 정리하고 있는가?

리더에게 시간 관리는 곧 자기 관리를 말하는 것이다. 첨단 제품이 즐비한 요즘 많은 리더들은 바인더에 시간을 정리하는 대신 구글 캘린더 및 에버노트 등에 적고 이를 노트북과 모바일로 연동하여 관리하는 모습을 보이고 있다. 하지만 디바이스를 통한 시간 관리만이 최적 혹은 최고라고 할 수는 없다. 오히려 알람 기능으로 중요한 일정을 놓치지 않고, 펜으로 꾹꾹 눌러 자신의 약속을 기록하며, 지면을 펼쳐 꼼꼼히 확인하는 것이 더 체계적이며 좋은 습관으로 긍정적인 영향을 미칠 수 있기 때문이다.

그러므로 시간을 기록하고 정리하는 것보다 더 중요한 것은 시간을 관리하는 나만의 룰을 갖는 것이다. 예를 들면, 시작한 일은 반드시 마무리를 짓고 다음 일로 넘어가는 것이다. 혹시 일하는 중간에 다른 업무에 대한 아이디어가 떠오르면 종이에 적어두었다가 퇴근 길에 펼쳐서 생각해보는 것이다. 또한 자투리 시간을 활용하는 것도 좋은 방법일 것이다. 당신은 어떠한가? 하루 일과 혹은 한 달 계획을 어떻게 정리하고 있는가? 혹시 더 좋은 아이디어가 있는가?

현재 나의 방법	더 좋은 아이디어

바쁜 리더를 위한 네 가지 시간 관리 방법

피터 드러커는 "시간은 리더에게 가장 중요한 자원이다. 시간을 잘 관리하지 못하는 리더는 다른 것도 관리할 수 없다"고 말했다. 시간은 독특한 자원으로, 재고를 갖거나 축적하거나 늘리거나 압축할 수 없다. 그리고 성공하는 리더들의 공통점은 '생각하는 시간'을 중요하게 여기는 데 있다. 지혜롭게 시간 관리를 하려면 어떻게 해야 할까? 인생을 후회 없이 살고자 한다면 시간 관리에 대한 기본적인 개념을 가져야 하는데, 이에 대한 네 가지 방법을 알아보자.

(1) 업무의 우선순위를 정하라

스티븐 코비 박사가 제시한 '시간 관리 매트릭스'는 업무의 우선순위를 정하는 데 가장 많이 활용되는 도구다. 업무의 성격을 '중요함'과 '긴급함'이라는 두 가지 기준으로 구분하는 이 매트릭스에서 가장 눈여겨봐야 할 부분은 '긴급하지는 않지만 중요한 일'이다. 큰 그림을 그리려면 긴급하지는 않지만 중요한 일을 고민하는 데 최대한 많은 시간을 할애해야 한다.

	긴급한 일	긴급하지 않은 일
중요한 일	A 긴급하지만 중요한 일	B 긴급하지는 않지만 중요한 일
중요하지 않은 일	C 긴급하지만 중요하지 않은 일	D 긴급하지도 중요하지도 않은 일

(2) 시간 씀씀이를 파악하라

시간 관리의 첫 단계는 현재 내가 시간을 어떻게 사용하는지 객관적으로 분석해보는 것이다. 하루 동안 무슨 일을 하는지 구체적으로 일지에 기록하고, 1주일 동안의 시간을 분석해보면 두 가지 이유로 놀라게 될 것이

다. 특정한 일에 생각보다 너무 많은 시간을 보내고, 중요한 일에 너무 적은 시간을 할애한다는 것을 깨달을 수 있을 것이다. 그리고 낭비될 수 있는 시간을 최소화하는 것인데, 낭비되고 있는 시간은 아무래도 자투리 시간일 것이다.

(3) 구체적이고 분명한 목표를 설정하라

시간 관리의 첫 단계는 바로 정확하고 구체적인 목표를 설정하는 것이다. 현재 자신이 어디에 위치하고 있고, 어떠한 일을 하는가에 따라 적절한 목표를 세우는 것이야말로 시간 관리의 승패를 좌우할 수 있는 중요한 요소가 될 수 있다.

(4) 좋은 습관을 개발하라

어떠한 생각을 가지지 않아도 습관은 어떠한 일을 긍정적으로 해낼 수 있는 힘을 갖고 있다. 훌륭한 습관을 가지는 것만으로도 삶에 활력이 넘치게 할 수 있는 좋은 방법이 될 수 있다.

📍
나의 시간 관리 리더십이 앞으로 나의 삶과 하나님 나라에 어떠한 영향을 미칠까?

당신은 5년 혹은 10년 후에 위풍당당한 크리스천 리더로서 성장해 있을 것이다. 일반 세상적인 리더와는 다른 크리스천 리더의 가장 큰 특징은 자신의 재능이나 능력에만 의존하는 게 아니라 진정한 리더인 하나님의 말씀을 따라 철저하게 순종하는 삶을 살아가는 데 있다. 물론 세상적인 가치관으로 무장한 일반 리더는 좀 더 빠르게 자신의 명성을 쌓아가겠지만, 성경적인 가치관으로 무장한 하나님의 일꾼들은 다른 이들을 세우고 하나님의 나라를 확장하는 데 귀하게 쓰일 것이다.

예수님이 보여준 리더십의 핵심은 하나님의 뜻을 추구하고 순종하는 삶이었다. 예수님이 이 세상에 오실 때부터 죄인을 사랑하고 용서하신 것과 십자가를 지고 부활하셔서 생명의 주님이 되신 모든 것은 하나님의 뜻에 순종하는 삶이었다. 예수님과 그 제자들의 삶을 보면 하나님을 믿고 따르는 리더가 어떤 사람인지 잘 보여준다. 자신의 재능이나 능력에 의존하는 게 아니라 진정한 리더인 하나님을 따라 철저하게 순종하는 삶이었다. 당신은 이러한 믿음을 가진 하늘나라의 청지기로서 탁월한 시간 관리를 통해 무엇을 할 수 있을까? 개인적인 성장으로부터 하나님 나라를 위한 믿음의 일꾼으로 탁월한 일들을 해낼 수 있을 것임을 확신한다.

다음에는 아래의 가치 키워드 중 마음에 드는 단어들을 골라 자신만의 '비전 선언문'을 만들어보는 시간을 갖도록 하자. 우선 도전하고 싶은 키워드 세 가지를 선택한 다음 하나의 문장으로 만들면 된다. 예를 들면, "나 ○○○는 ① 예수님의 제자가 되어 ② 사명을 감당하는 리더가 되어 ③ 시간 관리를 통해 의미 있는 일을 실천하고 싶다"처럼 할 수 있다.

순교의 피	재능이나 능력	요셉의 신앙	부족한 자신	영광스러운
사명 감당	순교자의 후손	리더의 중요성	교회가 살고	역사가 일어났다.
대한민국 변화	능동적 여가활동	예수님의 제자	다양한 움직임	순종하는 삶
시간 관리	좋은 습관	바울의 신학	제자들을 훈련	결속력을 높이고

킹덤 코칭 질문

1. 갖고 싶었던 습관이 있다면 무엇인가?
2. 지금 당장 버리고 싶은 두 가지 나쁜 습관은 무엇인가?
3. 풍성한 삶을 위해 앞으로 갖고 싶은 습관 세 가지를 선택한다면?
4. 그 습관이 온전히 당신의 것이 되었을 때 어떠한 변화를 기대하는가?

10
인생의 비전을 세워라

임창남 코치

파워 질문

• 당신의 가슴을 설레게 했던 꿈 또는 비전이 있다면 무엇인가?

• 비전을 향한 당신의 발걸음을 붙잡는 것이 있다면 무엇인가?

지금 당신은 어떠한 비전을 가지고 있는가? 본래 '비전'이라는 단어는 '미래를 향해 큰 꿈을 갖는 것' 또는 '확실한 청사진을 갖는 것'을 의미한다. 그래서 미래지향적인 시각을 가지고 앞으로 발걸음을 옮기는 것을 '비전'이라고 부른다.

비전과 리더십의 좋은 예를 보여주는 성경 말씀에는 민수기와 신명기에 이스라엘 백성이 출애굽 이후 바란 광야에 이르렀을 때, 가나안 땅을 탐지하도록 각 지파를 대표하는 정탐꾼 12명을 파견하는 이야기가 나온다(민 13:1-14:9, 신1:23). 이들 중 10명은 자신들의 힘으로는 가나안 땅을 정복하는 것이 어렵다고 보고하고 악평을 하지만(민 13:28-33, 신 1:28), 갈렙과 여호수아는 "우리가 정탐한 땅은 심히 아름다운 땅이라. 젖과 꿀이 흐르는 땅이고 그 땅 백성은 우리의 먹이라. 여호와께서 우리와 함께하니 그들을 두려워하지 말라"며 완전히 다른 시각으로 상황을 파악한다(민 14:6-9). 그래서 갈렙과 여호수아로 인해 이스라엘은 가나안을 정복하는 새로운 역사의 장을 펼치게 된다.

그 당시 갈렙과 여호수아에게는 가슴속에 깊이 숨겨진 뜨거운 열정이 있었다. 그들은 주변 상황에 동요하는 것이 아니라 "여호와께서 우리를 기뻐하시면 우리를 그 땅으로 인도하여 들이시고 그 땅을 우리에게 주시리라"는 확고한 꿈을 갖고 있었다. 또한 "여호와가 우리와 함께하시니 그들을 두려워하지 말라"는 철저한 믿음을 가지고 있었다. 그 열정으로 인해 하나님을 향한 비전을 품게 되었고, 현재 상황을 하나님의 시각에서 바라볼 수 있었다.

구약에 나오는 느헤미야는 어느 날 유다 땅 조상들의 묘실이 있는 성읍이 황폐하고 성문이 불탔음을 알고 성을 건축하고자 하는 열정으로 비전을 품게 된다(느 2장). 물론 이러한 그의 믿음은 전적으로 하나님의 음성에 의존하는 데서 출발한 것이다. 당시의 상황에 사로잡혀 무기력증에 빠져 있던 백성도 나중에는 그의 말에 귀를 기울이기 시작했다. 그들에게도 무너졌던 삶의 비전이 다시 세워지는 순간이었다. 그 이유는 하나님께 온전히 의지한 느헤미야의 비전이 그들의 가슴을 뛰게 했기 때문이다.

오늘 당신에게는 어떤 비전이 있는지 궁금하다. 비전이 있다면 그 비전을 생각할 때마다 가슴이 뛰는 것을 느끼는가? 그러기 위해서는 아마도 세상적인 목표가 아닌, 하나님께서 원하시는 비전을 품어야 할 것이다. 가끔 우리의 꿈은 현실에 안주해버리는 경향이 있다. 현상유지만을 위한 꿈이나 목표를 가지고 있다면 그것은 이미 죽어버린 비전이다. 푯대를 향하여 그리스도 예수 안에서 하나님이 위에서 부르신 부름의 상을 위하여 달려가는(빌

3:14) 자, 뚜렷한 목적지를 향해 달려가는 생동감이 넘치는 자는 날마다 삶이 새롭고 앞에 펼쳐질 결과를 상상하며 열정을 갖게 될 것이다. 생수가 흘러 넘치는 것 같은 살아 숨 쉬는 꿈과 비전만이 우리의 삶을 변화시키고 생명력을 줄 수 있다.

예수님 당시 제자들의 관심은 무엇이었을까? 그것은 바로 로마로부터 이스라엘의 정치적 회복이었다. 하지만 주님은 그들의 비전을 확장시켜주셨다. 예수님께서 통치하실 나라는 이스라엘뿐만 아니라 사마리아와 땅끝까지라는 새로운 비전을 주신 것이다. 그의 나라가 영적인 부분뿐만 아니라 정치와 경제까지도 영향을 끼친다는 것이다. 물론 비전을 이루는 그 시기는 전적으로 하나님의 권한에 달려 있다. 왜냐하면 비전을 성취하도록 이끄시는 분이 바로 코치 성령님이기 때문이다.

지금 당신은 어떤 상태인가? 세상적인 목표를 두고 비전이라고 하는지, 아니면 "너희는 먼저 그의 나라와 그의 의를 구하라 그리하면 이 모든 것을 너희에게 더하시리라"(마 6:33)고 하신 하나님의 나라와 그의 의를 위한 꿈을 비전이라고 하는지 궁금하다. 당신이 어떤 것에 비전을 갖고 있는지 그 비전이 당신의 심장을 빠르게 뛰게 한다면, 이제는 그 비전을 위해 당신의 마음을 모으고 꿈을 향해 뛰어야 할 때다. 무엇이 당신의 발을 붙들고 망설이게 하는가?

나의 인생에서 가장 크게 영향력을 끼친 인물에 대해
나누어보자

성경 사복음서 전체에서 볼 수 있는 베드로에 대해 살펴보고자 한다. 베드로는 갈릴리 해변에서 그의 형제 안드레와 같이 열두 제자 중 맨 처음으로 예수님께 부름을 받고(마 4:18-19) 난 후부터 열정적으로 주님을 따랐다. 마지막 만찬 자리에서 예수님이 십자가를 앞에 놓고 그동안 함께했던 제자들을 보시며 "오늘 밤에 너희가 다 나를 버리리라"(마 26:31) 하시니 "베드로가 대답하여 이르되 모두 주를 버릴지라도 나는 결코 버리지 않겠나이다"(마 26:33), 그리고 "내가 주와 함께 죽을지언정 주를 부인하지 않겠나이다"(마 26:35)라고 강력하게 주장했다.

그러던 베드로가 다음날 새벽 예수님이 붙잡혀 대제사장한테 심문을 받을 때, 예수를 알지 못한다고 세 번씩이나 부인했다(마 26:69-75). 그런데 베드로의 그런 행위에 대한 예수님의 반응은 어떠했는가? 부활하신 후 예수님은 베드로를 포함한 제자들이 고기를 잡는 디베랴 호수에 나타나셨다. 예수님은 특별히 베드로에게 세 번씩이나 "네가 나를 사랑하느냐 내 양을 먹이라"(요 21장)고 하시며 베드로를 위로하시고 세워주시는 모습을 보게 되고, 사도행전에서는 예수님께서 승천하신 후 성령님을 통해 베드로를 크게 사용하시는데 오순절에 베드로가 설교할 때 신도 수가 삼천이나 더하게 되는 역사를 이루었다.

또한 주님을 따르던 자들을 박해하던 바울은 어떤가? 그는 평소에 교회를 잔멸(행 8:3)하고 주의 자녀들에 대해 위협과 살기가 등등하여 그 도를 따르는 사람을 만나면 남녀를 막론하고 결박하여 잡으려는 자였지만(행 9:1-2), 다메섹 도상에서 예수님을 만난(행 9:3-5) 후 이방인에게 복음을 전하는 사도로 쓰임을 받았고, 신약의 대부분을 집필하는 위대한 하나님의 종으로 탈바꿈하게 되었다. 이처럼 사람은 누구를 만나느냐에 따라 남은 인생이 변화를 받고 세상에 영향력을 끼치는 삶을 살게 되는 것이다. 당신은 어떠한가? 지금까지 살아오면서 자신의 인생에 가장 큰 영향력을 끼친 사람을 만난 적이 있는가? 그렇다면 함께 그 이야기를 나누어보자.

지금까지 내 삶에서 가장 큰 영향력을 끼친 사람은 누구인가?

인생의 꿈과 목표를 향하여 달려가고 있는 나는 누구인가?

잠언 29장 18절에서는 "묵시가 없으면 백성이 방자히 행하거니와 율법을 지키는 자는 복이 있느니라"고 명백히 말하고 있다. 여기서 언급하고 있는 '묵시'란 무엇을 말하는 것일까? 묵시는 하나님께서 보여주시는 '계시'를 말하는 것으로, 지금으로 말하면 '비전'이라고 할 수 있겠다. 지금 주변의 청년을 둘러보라. 그 많은 청년 중에서 비전이 없는 청년들은 방향 감각을 잃고 어디로 가야 할지 갈팡질팡하고 있으며, 동시에 21세기 광야를 살아가는 삶이라고 해도 과언이 아닐 정도로 무참하게 무너져가고 있는 이들도 있다.

어떤 이들은 비전 대신에 야망을 품고서 엉뚱한 방향으로 나아가곤 한다. '야망'이라는 것은 그 중심에 자신의 욕망과 생각이 있기에 절대로 '비전'과 같다고 볼 수 없다. 왜냐하면 비전이라는 것은 말씀과 성령을 통해 하나님의 자녀들에게 보여주시는 '하나님의 꿈'이고, 야망은 세상의 부유함과 편리함에 기초한 개인의 꿈이기 때문이다. 당신은 어떤가? 이번에는 현재의 비전을 가지고 목표 지점을 향하여 달려가고 있는 당신의 꿈과 인생의 목표에 관한 이야기를 들려주기 바란다.

My Dream & Life Purpose

_____

_____

_____

Who am I?

_____

_____

_____

하나님께서 당신을 통해 이루실 꿈과 비전은 무엇일까?

당신은 예수님을 인격적으로 만난 사람인가? 예수님을 만나기 전의 당신은 세상에 있는 대부분의 사람들과 별로 다를 바 없는 사람이었을 것이다. 그런데 당신이 이미 예수님을 만났으면 이제는 예수님 안에서 특별한 신분을 가진 자가 되었다.

사람들한테 밟히는 들판의 잡초들이나 바람에 흩날리는 갈대는 누구도 관심을 가져주지 않는 무의미한 것들이다. 그러나 그런 들풀이 특별한 경관을 이루게 되어 사람들한테 호기심을 갖게 될 때는 더 높은 새로운 가치가 있게 된다. 하나님의 자녀가 된 당신을 하나님이 높여주시고 당신의 생을 위한 놀라운 계획 가운데 하나님 나라를 세워가는 데 귀한 일꾼으로 사용하신다. 하나님께서 당신을 통해 행하시고자 하는 엄청난 비전을 기대하는가?

그러므로 당신을 부르신 주님의 비전에 집중하기 바란다. 그렇게 하기 위해서는 그분과 좀 더 친밀한 관계를 가져야 할 것이다. 어쩌면 당신은 세상 가운데서 오리 무리 속에 묻혀있던 거위였을 수 있다. 아름다운 날개를 가지고 있음에도 사람들이 천박하게 여겼을 수도 있다. 그러나 이제 주님은 당신의 존재 가치를 인정하시고, 당신을 '아름다운 거위'라고 부르신다. 이제 당신은 마음껏 하늘을 날 수 있게 되었다.

이제 다시 묻고자 한다. 하나님께서 꿈꾸시는 당신의 비전은 무엇인가? 주님의 제자로서 부름 받은 당신이 이 땅에서 가슴 깊이 품고 마음껏 달려가고 싶은 그 목표 지점이 어디인가? 하나님께서 나를 통해 이루실 꿈과 비전의 이야기를 나누어보자.

나의 개인적인 비전	하나님이 나를 통해서 이루실 비전
————————	————————
————————	————————
————————	————————
————————	————————

📍 10년 후 미래를 위한 나의 '비전 선언문' 만들기

전도서 기자는 "청년의 때에 창조주를 기억하라"(전 12:1)고 말하고 있다. 이 '청년의 때'는 언제를 일컫는 말일까? 히브리어로 '청년'이라는 단어는 '바후르'라 부른다. 그런데 이 단어는 '선택하다'라는 의미가 있는 '바하르'라는 단어에서 파생되었다고 한다. 그렇다면 청년의 때에 가장 중요한 것은 바로 '선택'이다. 그 시기에 얼마나 올바른 선택을 하느냐에 따라 각자의 인생이 달라진다고 해도 과언이 아니다.

그렇다면 전도서 기자가 "청년의 때에 창조주를 기억하라"고 말한 의미는 무엇일까? 그것은 아마도 "청년의 때에 가장 위대한 선택을 하라"는 뜻인 것 같다. 이는 일생에서 누구를 만나느냐에 따라 그 사람의 삶이 온전히 바뀔 수 있다는 것을 의미하기도 한다. 그러므로 인생 최고의 코치인 하나님을 만나야 함을 강조하고 있다.

하나님을 만나면 삶의 가치관이 바뀌면서 동시에 삶 전체에 놀랄 만한 긍정적인 변화가 일어날 수 있기 때문이다. 전도서 기자는 또한 "세상 모든 것이 헛되고 헛되도다"(전 12:8)라고 고백하고 있다. 이는 몸이 쇠퇴하여 움직임이 불편하고 판단력이 흐려지는 곤고한 날에는 어느 누구도 올바른 판단을 내릴 수 없기 때문이다. 그렇다면 당신은 어떠한가? 청년의 시기가 다 지나가기 전에 그를 만나려고 몸부림치고 있는가? 인생 최고이신 주님께서 지금 당신의 선택에 주목하고 계심을 기억해야 할 것이다.

나의 비전 선언문

_____

_____

_____

_____

킹덤 코칭 질문

1. 과거에 나의 가슴을 뛰게 했던 목표는 어떠한 것이었나?
2. 새로운 비전 설정으로 인해 어떠한 변화를 기대하는가?
3. 인생에서 꿈과 비전이 없는 나는 과연 어떠한 모습일까?
4. 인생을 디자인하시는 하나님 앞에서 어떠한 삶을 꿈꾸고자 하는가?

CHAPTER

3

안전지대를
벗어나라

KINGDOM
COACHING

선택행동 단계(Leverage Stage)

이 세상에서 당신의 역할은 무엇인가?

혹시 험난한 세상 속에서 빛과 소금의 역할을 하고 있는가?

요즘 크리스천은 너무나도 나약하여

자신의 울타리 안에서만 살아가려고 발버둥치고 있는 것 같다.

강하고 담대하게 세상을 향해 나아가기 위해서는

지금과 같은 구경꾼 크리스천의 모습으로는 역부족이다.

언제까지 구원받는 이들을 바라보면서 박수만 치고 있을 것인가?

선물로 받은 달란트와 숨겨져 있는 보석인 당신만의 잠재력을 찾아 떠나라.

안전지대를 벗어나 파도가 범람하는 바다로 나가 최고의 것을 선택하여

그물을 던져라.

그것이 바로 하나님께서 원하시는 당신의 참된 모습일 것이다.

11
소통의 리더십을 갖추라

이은주 코치

파워 질문

• 당신의 소통 신호등은 지금 어떤 색깔의 불이 켜져 있는가?
• 대화를 잘 이끌어가는 리더의 다른 점은 어떤 것이 있을까?

인간은 어떤 종류의 성공이든 저마다의 성공을 위해 달려가고 있다. 성공으로 가기 위해서는 환경이나 여건도 영향을 주지만, 가장 중요한 것은 사람의 역량에 따른 변수가 상당한 부분을 차지한다. 사람들이 누구나 원하는 성공에 대한 소망은 저절로 주어지는 게 아니다. 또 성공이 혼자만의 힘과 노력으로 이루어지는 것도 아니다. 사람들과의 관계에서 이루어지는 것이 성공이다. 좋은 인간관계를 맺고 조직에서 성공하기 위해서는 다양한 역량이 필요하지만, 많은 역량 가운데서도 원활한 소통이 이루어질 때 성공으로 나아갈 수 있다.

먼저, 소통의 어원을 살펴보면 다음과 같다. 한자로는 소통할 '소(疏)', 통할 '통(通)'을 사용한다. "막히지 아니하고 잘 통함, 뜻이 서로 통해 오해

가 없다"는 의미다. 영어 communication은 '공통되는(common)' 혹은 '공유하다(share)'라는 뜻의 라틴어 'communis'(파생 단어 가운데에는 '공동체'를 의미하는 community가 있다)에서 유래한다. 소통, 즉 커뮤니케이션은 결코 혼자 하는 것이 아니며, 누군가와 잘 통하여 나누는 것임을 알 수 있다.

원활한 소통은 먼저 개인적으로 역량 강화와 문제 해결력 증대, 인간관계 개선 및 직무만족도 상승, 더 나아가 조직의 충성도가 증가 효과를 보인다. 그뿐만 아니라 조직에서도 긍정적인 변화가 일어난다. 소통이 원활하게 이루어지면 팀워크가 향상되어 강력한 조직문화가 구축되므로 높은 성과를 보이게 된다. 이러한 좋은 영향이 있기 때문에 조직의 리더에게는 조직원들과의 원활한 소통을 이끌어갈 수 있는 역량이 필요하다.

원활한 소통으로 나아가는 대화 방법은 무엇이 있을까?

대화에서는 말을 많이 하는 것보다 말을 잘하는 것이 더 중요하다. "말 한마디로 천냥 빚을 갚는다"는 속담이 이를 경험적으로 나타내고 있다. 다시 말해, 소통을 이루는 대화는 자신의 생각을 가르치거나 주입하는 게 아니라 상대방의 말을 듣고, 서로의 생각을 나누고 공유하면서 문제 해결과 더 나은 성과를 이루기 위해 방향과 방법을 찾아가는 것이기에 소통은 리더가 갖추어야 할 역량이다. 좀 더 나은 공감적 대화를 위해서는 아래의 규칙을 잘 지키는 것이 좋다.

- 상대방이 무슨 말을 하고 있는지 경청하라.
- 상대방의 입장을 이해하면서 들어라.
- 소통에는 진실함이 핵심이다.
- 상대방이 말에 따라 적절하게 칭찬과 격려의 기술을 사용하라.

소통을 잘하기 위한 요소와 규칙에는 어떠한 것들이 있을까?

현시대의 의사전달 구조는 과거와 달리 변화되었다. 과거에는 아랫사람이 의견을 제시할 수 없었다. 조직이 상하구조로 되어 있어서 오직 명령과 복종만 있었다고 해도 과언이 아니다. 그러나 현대는 모두가 전문가로 서로의 의견을 제시하고 토론을 통해 더 나은 대안들을 제시해나가면서 업무를 수행해가는 수평적이면서 평면적 구조라고 할 수 있다. 이러한 수평적 구조에서는 서로 간의 의사를 존중하며 칭찬과 협상을 통한 소통이 무엇보다 중요하다.

과거 2, 3차 산업화 시대의 조직에서는 지적 스킬과 업무 스킬이 중요했다. 산업화 시대의 소통을 표현하는 단어로는 지시, 명령, 관리, 감독 등이 있다. 반면 현대에는 지식 기반과 창조 시대를 넘어 첨단 기기의 등장으로 4차 산업혁명 시대를 맞게 되었다. 그래서 지금 시대의 인재에게 요구되는 것은 사회적 스킬과 인간관계 형성 능력이라고 볼 수 있다. 이러한 시대의 소통 특징을 표현한다면 '듣기와 피드백', '칭찬과 협상'이라 할 수 있다. 또한 원활한 소통을 하기 위해서는 전달하고자 하는 내용의 말을 잘해야 할 것이다.

특별히 효과적인 소통을 위해서는 다음과 같은 기본적인 규칙들이 필요할 것이다. 먼저, 하고 싶은 말을 생각하고 머릿속으로 정리한 다음에 불필요한 말은 하지 말아야 한다. 또한 상대방이 빠르게 알아듣지 못해도 서서히 반응해야 한다. 특히 상대방이 다 아는 이야기 대신에 상대가 듣고 싶어 하는 화제에 대화의 중심을 가져가는 것도 한 가지 좋은 방법이다. 또한 얼굴을 바라보면서 늘 온화한 표정으로 칭찬과 함께 대화하도록 해야 할 것이다. 말을 잘하기 위한 방법들에는 이외에 또 다른 요소와 규칙들이 있을 것이다. 그렇다면 아래 빈칸에 당신의 지혜를 함께 나누어보자.

공감 소통을 위해 필요한 세 가지	공감 소통을 위해 피해야 할 세 가지
_____	_____
_____	_____
_____	_____

이처럼 소통을 잘한다는 것은 참으로 어려운 듯하다. 그렇다면 이번에는 요한복음 4장 5-30절에 나타난 예수님과 사마리아 여인의 대화를 살펴보도록 하자. 이들의 대화를 통해 어떠한 소통이 이루어졌으며, 그 이후로 사마리아 여인이 어떠한 변화를 보이며 예수님의 증인이 되었는지 살펴보자. 그리고 예수님께서는 어떠한 소통 방법을 사용했는지에 대해서도 함께 나누어보자.

대화를 이끌어가는 비언어적 요소에는 무엇이 있을까?

공감의 소통을 하기 위해서는 먼저 말을 잘하지 못하는 사람들의 특징을 알아보는 것이 좋다. 일반적으로 자세히 보면 그러한 사람들은 구조화된 말을 잘하지 못하는 특징이 있으며, 시사성이 떨어지는 정보력 및 말투를 사용한다. 또한 상대방의 대화를 따라가지 못하고, 조금 전에 했던 말을 자꾸 반복하는 경향이 있다. 그리고 상대방의 말은 듣지 않고 자신만의 이야기 혹은 주장에만 집중하는 특징이 있다.

그렇다면 이번에는 소통을 잘하는 사람들의 특징에 대해 알아보자. 우선, 상대가 어떠한 유형의 사람인지 파악하면 된다. 그리고 대화도 코드를 어느 정도 서로 맞춰놓고 시작하면 훨씬 편할 것이다. 특히 물음표로 시작해 느낌표로 끝낼 수 있다면 금상첨화일 것이다. 또한 자신감을 가지고 상대방에게 들리도록 대화하며, 가능하면 억양을 넣어 자주 듣고 싶은 톤을 유지하는 것도 좋은 방법이다. 또한 명확한 발음으로 말하는 훈련이 가미된다면 더할 나위 없을 것이다.

또한 대화는 소리로 전달되는 말(message)로만 이루어지지 않는다. 말 이외에 대화를 이루는 비언어적 요소들이 많이 있다. 이런 비언어적 요소는 소통을 이끌어가는 데 매우 중요한 역할을 하고 있다. 그렇다면 이번에는 아래 박스에 나온 언어적 및 비언어적 요소들 중에 대화할 때 중요하다고 생각되는 세 가지를 선택하고, 왜 중요한 역할을 하는지 함께 나누어보자.

음성	옷차림	표정	감정상태
말투	모습	숨결	눈빛
자세	제스처	생각	마음가짐

당신은 진정으로 소통을 잘하기 원하는가? 원활한 소통을 하기 위한 마지막 제언으로 상대방의 말에 감정적으로 응하는 대화가 아닌, 자신의 입장에서 말하는 'I 메시지'를 사용하면 좋을 것이다. '너 때문에'라는 비난이 가미된 'You 메시지'를 사용하게 되면 감정이 상하게 되어 좋은 대화를 이어

갈 수 없기 때문이다. 타인과 대화할 때는 당면한 이슈에 대한 객관적인 서술과 본인의 생각과 마음상태 그리고 감정을 솔직하게 전달하는 'I 메시지'를 사용하면 나의 마음을 상대방에게 오해 없이 전달할 수 있게 된다. 예를 들어, 이렇게 말하는 것이다. "네가 옆에서 시끄럽게 떠들면(이슈) 내가 하고 있는 일에 집중할 수도 없고(이유) 스트레스를 받게 되니(느낌) 다른 곳으로 옮겨주면 좋겠어(바람)."

킹덤 코칭 질문

1. 지금 내 옆에 예수님이 계셔서 나와 대화하신다면 어떠한 대화를 나누실까?

2. 부모님과 대화할 때 내 모습은 어떠한가?

3. 모임이나 만남을 즐겁게 할 수 있는 방법 세 가지는 무엇일까?

4. 나이가 들어도 인기 있는 내가 되려면 어떤 모습이 요구될까?

12
창의적인 리더가 되라

김승민 코치

파워 질문

• 21세기가 요구하는 창의적인 리더의 4대 요소를 꼽는다면?

• 삼성과 LG가 세계적인 기업으로 성장할 수 있었던 주된 핵심 자원은?

누구나 '일을 잘한다'는 평가를 받고 싶어 한다. 뭔가 남들과는 다른 일 처리 방식이나, 조금 더 빠른 일 처리 혹은 다른 이들이 보지 못하는 것들을 볼 수 있어야 한다. 그렇게 해야만 남들과 다르다거나 혹은 탁월하다는 평가를 얻을 수 있으며, 이는 당연히 다른 사람들보다 성공이라는 고지에 먼저 갈 수 있는 유리한 지점을 차지하게 되기 때문이다.

여기서 먼저 '창의'라는 단어의 사전적 의미를 보자. 국어사전에 나오는 창의의 뜻은 "새로운 의견을 생각하여 냄. 또는 그 의견"이다. '창의력'은 "새로운 것을 생각해내는 능력"이고, '창의적'이라는 단어는 "창의성을 띠거나 가진"으로 나온다. 반면 '창조'는 "전에 없던 것을 새롭게 만드는 것"으로 설명하고 있다. 그렇다면 기업에서 요구하는 것은 무엇일까? 그것은 바로 창조가 아닌 창의다. 그렇기 때문에 창의적인 것이 더 중요하다. 기업은 창의적인 인재가 이끌기 때문이다. 창의성이 부족한 이들은 변화와 수용 능력이 부족하다. 이들은 기존의 방식을 고집하게 마련이다. 그렇기 때문에 관리자들에게는 창조적인 것을 요구하기 마련이다.

'창의'는 사전에서 설명하는 그대로 "뭔가 새로운 아이디어를 내는 것"을 의미한다. '새로운 아이디어'라는 것은 "기존에 존재하는 아이디어나 생각이 있다는 것"을 전제한다. 이는 기존에 일하던 방식이 존재하고, 기존에 마케팅하는 방법이 있고, 기존에 전략을 수립하는 패턴이 있고, 회의 방식 또한 이미 존재하고 있다. 즉, 현재 기업의 모든 활동은 기존에 존재하던 것들이다. 그렇다면 '창의'라는 것은 기존 것들과 다른 그 무엇을 찾으라는 이야기이고, 또한 그것을 찾을 수 있는 사람이 '창의적'이라는 이야기를 들을 수 있다. 특히 직급이 올라갈수록, 혹은 경험이 많을수록 새로운 것을 생각하기가 쉽지 않다. "나이가 들수록 고집이 세진다"는 이야기처럼 기존에 하던 방식은 왠지 편하다. 그리고 과거 방식대로 하면 큰 실패는 없을 것이다. 경험이 많으면 경험을 통한 통찰력도 생기고 지혜도 늘게 되지만, 그 반대로 고집이나 고정관념도 늘어나기 마련이다. 그렇기 때문에 기업체에서는 젊은 사람을 선호할 수밖에 없을 것이다.

창의적인 리더가 되기 위해서는 항상 새로움을 추구할 수 있어야 하며, 동시에 기존과 다른 그 무엇을 언급하고 시도하고 또 결과가 뒷받침되어야 한다. 리더가 혼자서 알아서 할 수 있을까? 지금의 삼성전자는 세계 일류 기업이다. 그렇다면, 창의와 창조 중 무엇이 지금의 삼성을 만들었을까? 삼성이 반도체 사업을 세계 최초로 진행했을까? 반도체 생산 설비는 어디서 조달했을까? 삼성이 휴대폰 사업을 세계 최초로 이끌었을까? 그리고 휴대폰 주요 부품들은 어디에서 조달했을까? 스마트폰은 어떠했을까? 애초에 전자

계통의 사업은 지금의 LG보다 한참 늦게 뛰어들어 1990년대 초반까지는 고난의 길을 걸어갈 수밖에 없었다. 지금 위상과는 완전히 달랐다는 이야기다. 그랬던 삼성이 지금의 삼성으로 완전하게 탈바꿈하게 된 것이다.

현대자동차는 또 어떠한가? 디자인, 엔진, 자동차 부품을 모두 처음부터 현대에서 만들고 조달했을까? 과거의 현대자동차는 다른 회사 디자인을 모방하기에 바빴고, 다른 회사에서 주요 부품을 수입해 조립하기에 바빴던 회사였다. 그런데 지금은 자체 엔진을 만들고, 현대만의 독특한 디자인과 기술력을 인정받는 수준까지 성장했다. 그러한 성장의 이면에는 현대의 꾸준한 열정과 땀이 가득 배어 있다.

물론 이는 기존의 경쟁사들을 이기기 위해 모든 사람이 노력한 결과겠지만, 1차적으로는 철저한 모방과 새로운 시도를 한 결과라고 볼 수 있다. 비단 '창조'가 없더라도 '창의성'만 충분히 발휘되면 삼성 같은 회사, 그리고 현대 같은 회사도 될 수 있다.

따라서 "어떻게 창의적인 리더가 될 수 있을까?"라는 질문에 대한 답은 첫째로, "다른 사람의 의견을 적극적으로 수용하거나 다른 사람들의 모습을 따라가는 팔로워(follower)가 되어야 할 것"이다. 둘째로, "내가 수용하거나 팔로우하면서 얻은 지식을 어떻게 첨삭할 것인가?"이며, 셋째로는 "창의적인 리더가 되기 위해 모든 상황에서 어떻게 트리거(triggers)를 활용할 것인가?"다. 마지막으로 창의적인 리더는 일곱 가지 'ㄲ'을 지녀야 한다. 7ㄲ는 무엇일까?

창의를 나타내는 일곱 가지 ㄲ 중에서 가장 마음에 드는
낱말 2개를 고른 뒤, 그 이유와 의미를 서로 이야기해보자.

'경영'이 "다른 사람을 통해 조직 또는 개인의 목표를 달성해가는 과정"
이라면, '리더십'은 "목표 달성을 위해 타인에게 영향을 미치고(influencing), 타
인을 이끄는(leading) 능력"이다. 그렇다면 훌륭한 리더는 어떤 역량이나 태도
를 가져야 하는가? 그리고 리더십의 핵심 요소는 무엇인가?

리더십을 가장 잘 표현하는 말은 '솔선수범'이다. 이 원리는 성경에서
도 많이 나타난다. "너는 마음을 다하고 뜻을 다하고 힘을 다하여 네 하나님
여호와를 사랑하라"(신 6:5)는 하나님의 지상 명령이자 우리 자신의 지(知)·
정(情)·의(意)를 통한 성화 노력과 사명에 대한 말씀이기도 하다. 솔선수범
이 리더에게 필요한 행동양식이라면, 리더에게는 이와 함께 무슨 준비와 노
력이 필요한가?

꿈	꾀	끼	깡	끈	꼴	꼭
Vision	Wisdom	Motivation	Courage	Network	Image	Integrity

'창의성'과 '태도'는 어떤 상관관계가 있을까?

세계적 기업들이 직원을 채용할 때 가장 중요하게 생각하는 게 바로 '창의성'이다. 그래서 많은 대기업에서는 직원을 채용할 때 다음과 같은 기상천외한 질문들을 한다고 한다. 예를 들면, "맨홀 뚜껑은 왜 둥근가?", "통학버스에는 얼마나 많은 골프공이 들어갈까?", "1조 달러를 세는 데 시간이 얼마나 걸릴까?" 그리고 "전 세계에 피아노 조율기가 몇 개나 있을까?" 같은 질문들이다.

그렇다면 '창의성'은 어디에서 나올까? 창의성에 관한 학자들의 연구는 다양하다. 그들의 이야기를 종합해보면 하나의 보편적인 해답을 얻을 수 있다. 창의성은 능력이 아니라 태도라는 사실이다. 사람들은 창의성을 두뇌의 어떤 능력이라고 생각한다. 그래서 창의성을 기르기 위해 학원에 등록하거나 책을 사 읽곤 한다. 하지만 그렇게 노력한다고 해서 절대로 창의성이 좋아지지 않는다. 왜냐하면, 창의성은 삶을 살아가는 적극적인 태도에서 나

오는 에너지이기 때문이다.

그렇다면 이번에는 당신 차례다. 당신은 '창의성'과 '태도'가 깊은 상관관계가 있다고 생각하는가? 아니면 다른 요소와 관련이 있다고 생각하는가? 그 아이디어를 함께 나누어보자.

트리거(trigger)란 무엇인가?

마셜 골드스미스(Marshall Goldsmith) 박사는 '방아쇠(사건이나 반응 따위를 일으키다, 유발하다)'라는 뜻의 트리거를 "우리의 생각과 행동을 바꾸는 심리적 자극"으로 정의한다. 즉 우리를 바꿀 수 있는 사람, 사건, 환경이 모두 트리거가 될 수 있다는 것이다. 그렇다면, 창의적인 리더가 되는 데 핵심 역할을 하는 트리거란 과연 무엇일까? 여러분의 생각을 나누어보자.

트리거란 무엇일까?

_____

_____

_____

_____

_____

*트리거란 좋지도 나쁘지도 않은 상태를 말한다.

📍
이 시대에 창의적인 리더가 되기 위해 따르고 싶은 모델은 누구인가?

창의적으로 생각하는 상황에서 그 사람이 지닌 내적 성향이 중요하게 작용한다. 이러한 성향은 창의적인 사고 기능을 지닌 인간의 행동에 작용하는 중요한 요인이 되는 태도적 특성을 의미한다. 창의적 사고를 할 수 있는 힘을 가졌다고 해서 실제로 창의적 사고를 잘한다는 보장은 없다. 예를 들어 창의적으로 사고하는 데 두려움을 느끼거나, 귀찮아한다거나, 혹은 정신적으로 지쳐 있는 경우에는 창의적 사고가 나오지 않을 가능성이 크다. 바로 이런 점에서 창의적 사고의 상황에 성향이 중요하게 고려되어야 한다.

창의적 사고 성향은 인간의 내적 · 인지적 특성으로서의 창의적 사고 기능이 최종적인 인간의 성취를 위해 작용하는 과정에서 개인에게 요구되는 정의적 또는 태도적 특성이다. 창의적 사고를 하는 사람의 내적 성향은 다음 여덟 가지를 들 수 있다.

호기심	탐구심	자신감	자발성
정직성	개방성	자율성	집중성

그리고 우리 모두는 다른 이들에게 영향을 미치고 있을 것이다. 그렇다면 과연 나는 위의 여덟 가지 내적 성향 중에서 몇 가지를 가지고 사고하는 유형일까? 함께 나누어보자.

나의 내적 성향 & 함께 나누기

_____

_____

_____

_____

킹덤 코칭 질문

1. 창의적인 리더로서 당신의 태도(attitude)에 몇 점을 주고 싶은가?

2. 내적 성향 여덟 가지 중에서 나의 강점 세 가지는 무엇인가?

3. 일곱 가지 ㄲ(꿈, 꾀, 끼, 깡, 끈, 꼴, 꼭) 중에서 더욱 발전시켜야 할 부분은?

4. 오늘 당신의 창의성이 놀랍도록 확장된다면 무엇을 위해 활용하고 싶은가?

13
코치형 리더가 되라

조영기 코치

파워 질문

- '리더'라는 단어는 당신의 삶에 어떠한 의미와 가치를 갖는가?
- 코치형 리더는 당신의 삶에 어떤 의미와 가치를 갖게 할까?

"미친놈인 줄 알았는데 당신이 정말 하나님의 사람이었네요!" 이 말은 하루만 더 굶으면 정말로 자신과 가족이 다 굶어 죽을 것을 직감한 한 가장이 한 말이다. 그 가장 앞에는 신선한 밀가루를 들고 온 그의 이웃이 있었다. 세상에는 잘 알려지지 않았지만, 현재까지도 가장 처참한 지옥 같은 삶을 사는 사람들이 바로 예멘 국민이다. 표면적으로는 반군과 정부군의 싸움이 이슬람 국가 간 시아파와 수니파의 전쟁으로 확산되어 처참한 전쟁터가 된 곳이 예멘이다. 이 전쟁의 참혹함은 '국경없는의사회'의 보고서를 통해 고스란히 세상에 알려졌다.

예멘같이 가난한 중동 국가에서 전쟁이 시작되면 전기와 가스 그리고 물 공급이 바로 중단된다. 그리고 그 피해는 어린아이와 노약자의 생존을 위협하는 가장 큰 요인이 된다. 그런데 예멘 전쟁의 참혹함은 전염병인 콜레라의 발병과 함께 그야말로 최악의 지경에 이르게 되었다. 콜레라는 오염된 물이나 밀가루를 통해 전염될 수 있다. 국경없는의사회의 보고서에 따르면 당장 굶어 죽을 것 같은 딸들에게 오염된 밀가루인 것을 알면서도 빵을 만들어준 아빠가 "그래도 죽기 전에 빵을 먹을 수 있어서 좋았어요"라는 말을 남기고 콜레라로 죽은 딸의 마지막 모습을 보았다는 안타까운 이야기를 소개하고 있다.

"먹고 죽을 것이냐, 굶어 죽을 것이냐"라는 최악의 상황은 한 가정의 가장 앞에 놓인 현실이었다. 그런 시점에 '신선한 밀가루'를 들고 온 이웃이 그의 눈에 어떻게 보였겠는가? 더군다나 그 일이 일어나기 전날 밤 하얀 옷을 입은 천사가 자신의 집 대문을 두드리는 꿈을 꾼 후였다면 그의 앞에 서 있는 그 이웃은 분명히 하나님의 사람으로 보였을 것이다. 그리고 그를 통해 천국 구원을 보았을 것이다. 그 이웃은 무슬림 100%로 기록되는 이슬람의 땅인 예멘 그 동네에서 크리스천이라고, 미친놈이라고 따돌림 받고, 게다가 무수히 살해 위협을 받으면서도 하나님을 따르던 예멘 사람이었다.

"그의 삶을 통해 한 사람의 운명을 바꾸고 그 사람이 하나님의 사람으로 구원의 길에 이르도록 돕는 파워풀한 질문을 던지는 사람"이 바로 코치형 리더임에 틀림없을 것이다. 자신이 살아보지 않고 성경 말씀을 통해 받은 감격과 감동을 나누는 것만으로도 리더가 될 수 있다. 하지만 그런 리더는 자신이 살아보지 않았기에 천국에 대해 이야기할 수는 있어도 그의 삶을 통해 천국을 보여주지는 못한다. 안타깝게도 그런 리더는 자신도 알지 못하는 비전을 보여주기 위해 '솔선수범하는 척'하는 삶으로 포장된 사기꾼이 될 수밖에 없다.

하지만 진리를 위해 살아보려고 분투하는 삶을 사는 사람은 '솔선수범하는 척'하지 않는다. 자신이 살아온 삶이 '진리로 살아지는 삶'으로 채워지기에 그의 삶에 기쁨이 가득하고 진정한 변화가 찾아온다. 그리고 그를 가까이서 바라본 이들의 삶도 마침내 변화하게 한다.

KINGDOM ROADMAP

내 삶의 핵심이 되는 '패러다임'의 실체는 무엇인가?

"코칭은 발화점이다." 내가 처음 만난 피코치가 코칭에 대해 정의 내린

말이다. 물은 99℃가 되어도 끓지 않는다. 금방이라도 폭발할 듯이 부글부글 끓기까지는 나머지 1℃가 반드시 필요하다. 코칭의 파워 질문은 나머지 1℃를 채워주는 것과 같다고 생각한다.

아무리 많은 에너지와 잠재력이 있어도 내 인생의 방향, 즉 패러다임과 인식의 변화 없이 하나님이 기뻐하시는 선한 열매를 볼 수도, 맛볼 수도 없다. 나를 묶고 있는 패러다임과 깨어진 마음으로 인해 삐딱하게 바라보는 나만의 색안경, 즉 오염된 인식의 틀을 벗지 않으면 나를 향하신 하나님의 뜻에서 벗어나게 된다. 그리고 하나님이 인도하시는 과녁을 벗어난 '나'라는 화살은 반드시 죄와 사망의 열매를 맺는다.

내 삶을 이끄는 주된 패러다임에 대해 논해보자.

_____

_____

_____

_____

📍
하나님 앞에서 '참된 리더'란 어떤 리더를 말하는 것일까?

앞에서 언급한 '솔선수범하는 척'하는 가짜 리더의 삶을 살아온 것이 바로 나다. 그런 나에게 코칭은 가장 먼저 경청하는 법을 배우게 했다. 내 앞에 있는 사람의 목소리만이 아닌 그의 감정과 마음, 그리고 그의 영혼까지 전심으로 집중하여 듣는 것이 바로 '경청'이다. 나는 코칭을 통해 경청을 배워가고 있다. 그리고 이러한 배움의 과정에서 내 삶의 마음 자세, 즉 하나님과 사람을 대하는 나의 태도(attitude)가 변화되었고, 천국의 열매를 맛보게 되었다.

앞에서 언급한 크리스천 이웃은 6.25전쟁 직후의 한국 같은 상황인 그곳에서 정부조차 여력도 없고 관심도 없어서 시작하지 못하는 교육사업을 시작했다. 그리고 크리스천인 그에게 무슬림인 동네 이웃들이 자녀 교육을 맡기고 있다. 천국을 보여주고 맛보게 해준 그에게 자신의 자녀들을 맡기고 있다.

부모가 되고 나면 비로소 깨닫게 되는 진리가 있다. 이 세상에 자신보다 더 소중한 존재가 있다는 것을 깨닫게 되는데, 그것이 바로 자녀. 자녀는 부모에게 그런 존재다. 전에는 "저놈은 크리스천"이라고, "미친놈"이라고, "알라와 이슬람을 배신해 반드시 죽여 없애야 할 놈"이라고 욕하고 괴롭히던 무슬림 이웃들이 그에게 자녀들을 맡기고 있다.

그 선한 이웃이 운영하고 있는 교육 시설에 다니는 어린 무슬림 아이들의 눈앞에는 어떠한 세상이 보일 것 같은가? 아무것도 없는 그 땅에서 아무런 지원도 받을 수 없고, 아무것도 없는 상황에서 오로지 모든 것을 하나님께 의지하여 영육 간의 모든 필요를 채워주려고 분투하는 삶을 사는 그 선한 이웃의 모습을 본 어린 무슬림들의 눈에 그는 어떤 존재이겠는가? 그런 선한 이웃으로서의 삶을 기쁘게 살아가는 그와 그의 가족을 바라보시는 하나님 앞에 그는 어떤 존재이겠는가? 아래 박스에 당신이 생각하는 하나님 앞에 선 그의 존재적 특징 세 가지를 찾아서 적고 논해보자.

"코치형 리더가 되라"는 권면 앞에서 당신은 어떻게 반응할 것인가?

혹시 당신은 예멘의 그 선한 이웃이 어떻게 하나님의 사람이 되었는지 궁금하지 않은가? 답은 명백하다. 그 또한 초등학교 때 다른 무슬림 선생님들과는 완전히 다른 한 명의 크리스천 선생님을 만났다. 그리고 어린 그 소년의 마음속에는 늘 물음표가 따라다녔다. "저 선생님은 왜 다르지? 무엇이 저 선생님을 다르게 하는 거지?" 그 물음표는 그 선생님의 나라 이집트에 가게 했고, 그곳에서 예수님을 영접함으로써 답을 찾게 되었다. 그리고 자신을 묶고 있던 거짓의 인식 틀을 벗고 자신의 인생을 이끌던 패러다임이 가짜라는 것을 깨닫는 순간, 그의 패러다임은 새롭게 변화되었다.

하지만 그 새로운 패러다임을 갖고 살기 위해 그는 이혼당해야 했고, 날마다 조롱과 멸시, 천대를 겪어야 했으며, 이웃과 친척들로부터 날마다 살해 위협을 받아야 했다. 예수님을 믿는다는 이유로 아무런 핍박도 받지 않는 나라에서 사는 크리스천들이 절대 상상할 수도 없는 고난과 어려움이었다. 그런데 그와 반대로 지금까지 경험해보지 못했던 '진리로 살아지는 삶'을 통해 천국의 기쁨을 맛보기 시작했다. 그래서 그는 그 기쁨을 빼앗기지 않으려고 자신의 마음을 훔치려는 모든 악한 이웃들과 지내는 시간 속에서 하나님을 온전히 즐기고 누리기 위해 분투하는 삶을 살았다.

그의 삶을 통해 한 사람의 운명을 바꾸고 그 사람이 하나님의 사람으로 구원의 길에 이르도록 돕는 파워 질문을 던지는 사람! "코치형 리더가 되라!"는 말이 이제 당신에게 어떤 의미와 가치로 다가오는가? 이 권면 앞에 당신은 어떻게 반응할 것인가?

킹덤 코칭 질문

1. '코칭'이라는 단어는 당신의 삶에 어떤 의미와 가치가 있을까?

2. "코치형 리더가 되라"는 말을 듣는 순간 어떠한 생각이 떠오르는가?

3. 코치형 리더가 된 당신의 눈앞에 펼쳐진 세상은 어떠한 모습일까?

4. 당신은 하나님과 이웃 앞에서 어떠한 존재인가?

14
강점으로 인생을 개척하라

한혜정 코치

파워 질문

• 자신의 강점을 한 단어로 표현한다면 무엇이라고 할 수 있는가?

• 이 시대에 강점으로 인생을 개척한다면 어떤 삶을 그릴 수 있는가?

우리가 이 세상에 태어날 때 하나님께서 각자의 인생에 특별한 삶의 목적을 부여하신다. 그렇기 때문에 나에게 주어진 사명을 감당하려고 할 때 내가 무엇을 가지고 있는지를 알아야 한다. 성경에서 이러한 모습은 찾을 수 있는데, 그것은 바로 하나님께서 모세에게 애굽에서 이스라엘 민족을 이끌어내라고 하실 때 그가 가지고 있는 것이 무엇이냐고 묻는 장면에서 볼 수 있다.

여호와께서 그에게 이르시되 네 손에 있는 것이 무엇이냐

그가 이르되 지팡이니이다 (출 4:2)

무엇인가를 하려고 할 때 자신에게 없는 것을 갖고 할 수 없다. 그렇다면 가장 쉬운 방법은 자신이 가장 잘할 수 있는 것을 먼저 찾는 것이다. 청년들과 이야기를 나누다 보면, 자신의 강점이 무엇인지 모른다는 이들이 많이 있었다. 그렇지만 자세히 관찰해보면, 그들이 찾지 못한 강점을 발견할 수 있는 경우가 많았다. 이렇게 스스로 이미 가지고 있는 것들이 무엇인지 모르기 때문에 주변에서 누군가 함께 찾아줄 필요가 있다. 때로는 스스로 자신을 어떠한 유형의 사람으로 생각한 것과 다르게 성격 및 강점 검사를 통해 자신이 어떠한 잠재력을 가지고 있다는 것을 알 수도 있다.

어떤 이들은 자신이 늘 잘하고 있다고 생각한다. 하지만 실상 어떠한 문제나 상황에 직면할 때 쉽게 무너지는 자신의 모습으로 인해 좌절감을 겪는 경우도 있다. 그렇지만 이러한 때 자신의 강점이 무엇인지를 발견하고, 이를 적극적으로 활용하여 바로 앞에 놓여 있는 장애물을 극복하고자 한다면 결과적으로 훨씬 더 효과적인 열매를 맺는 경우도 많이 있다.

강점 찾기

사람은 하나님의 형상을 가진 존재다. 그래서 각자 창의적인 속성을 갖게 된다. 예를 들어, 한 가족 중에 3형제가 있어도 각기 다른 성격을 가지고 태어난다. 같은 식습관 혹은 생활 방식 속에서도 각각 다른 방향으로 자신을 설계한다. 그 증거로 주변에 있는 쌍둥이 형제나 자매를 보면 알 수 있을 것이다.

일반적으로 각 사람에게는 잘하는 것이 있는데 그것은 '달란트'라고 불린다. 이는 재능을 갖고 있다는 뜻으로 뭔가를 좋아한다는 것과는 조금 다르다. 어떤 사람이 뭔가는 잘하는데 그것을 좋아하지 않는 경우를 보았을 것이다. 반대로, 좋아하기는 하는데 잘하지 못하는 경우도 허다하다.

비유적으로 말해서, 만일 눈(eyes)이 자신의 기능과는 완전히 다른 귀(ears)처럼 듣고 싶어 한다거나, 다리(legs)가 매일 땅을 딛고 서서 활동하기보다는 팔(arms)처럼 뭔가를 만들고자 한다면, 우리 몸은 아마도 제 기능을 하지 못하게 될 것이다. 반대로 잘하는 것을 지나치게 자랑할 때 그것이 오히려 그 사람에게 약점이 될 수도 있다. 겸손하게 자신의 독특한 모습에서 자신다움을 바라볼 때 다른 사람과 조화를 이루면서 하나님의 형상을 입은 자로서 그들과 공동체를 이루어갈 수 있다.

강점이란 어떤 상황에서 발휘되는 남다른 능력이다. 개발하면 더욱 탁월해지는 자신의 영역이 생기는 것이다. 강점과 비슷하게 쓰이는 단어들을 확인해보자. 먼저 각 단어들의 사전적 의미를 찾아보면 다음과 같다.

- 강점(强點): 남보다 우세하거나 더 뛰어난 점
- 재능(才能): 어떤 일을 하는 데 필요한 재주와 능력, 개인이 타고난 능력과 훈련에 의해 획득한 능력을 아울러 이른다.
- 태도(態度): 강점에 직간접적인 영향을 미치는 기본 소양으로, 어떤 일이나 상황 따위를 대하는 마음가짐이다.

　각 사람을 자세히 살펴보면 특별히 어느 부분에서 탁월하게 잘하는 점을 발견할 수 있다. 그리고 잘하는 것을 더욱 계발해서 즐기는 사람들은 그 분야에서 최고의 일인자가 되기도 한다. 업무에 익숙해서 일을 잘 처리하고 진행을 매끄럽게 하는 것과 본능적으로 그 일을 좋아하는 것 사이에는 많은 차이가 있다. 그래서 MBTI와 DISC 등의 검사를 통해 그 사람이 어떤 패턴을 갖고 있는지는 알 수는 있지만 이를 강점이라고는 할 수 없다. 강점은 지속적으로 지치지 않고 활동하는 데서 발견되고 스스로 잘하고 열정을 갖는 구체적인 활동이기 때문이다.

SINGS 강점지표

강점기질연구소의 방누수 소장은 자신의 강점을 표현하는 네 가지 지표인 SIGN(성공의 Success, 본능의 Instinct, 성장의 Growth, 필요의 Needs)을 자신의 행동에 대입시켜 결과를 얻는다고 한다. 필자는 "'SINGS(정신의 Spirit, 본능의 Instinct, 필요의 Needs, 성장의 Growth, 만족의 Satisfaction)"로 이야기하고 싶다. 이는 모든 크리스천이 기도하면서 미래를 향해 나아갈 때 강점이 더 개발되고 겸손하게 리더십이 있는 자리로 나아갈 수 있기 때문이다.

글에서도 자신을 찾아볼 수 있는데, 주로 어떤 단어를 사용하는지 알면 그 사람이 긍정적인지 혹은 부정적인 사람인지를 쉽게 알 수 있다. 다시 말해, 자신을 표현하는 글을 자세히 보면 어떠한 생각을 많이 하는지도 알 수

유머스러운	끈기 있는	관대한	활동적인
섬세한	인내심 있는	낙천적인	성실한
신중한	독립심 강한	재치 있는	감성적인
솔직한	애교 있는	독창적인	얌전한
빈틈없는	책임감 강한	박학다식한	재미있는
눈치가 빠른	추진력 있는	강인한	결단력 있는
자발적인	느긋한	불의를 못 참는	내성적인
침착한	개성적인	꼼꼼한	융통성 있는
예술적인	꾸밈없는	의욕적인	다정한
논리적인	상냥한	양심적인	붙임성 있는
호기심 강한	진지한	절제하는	열정적인
겸손한	믿음직한	자신 있는	정직한
예의바른	동정심 있는	독서하는	문서정리를 잘하는
즐거운	상담하는	체계적인	타협하는
정리정돈	가르치는	계획적인	깨끗한

있다. 그렇다면, 아래의 표를 보고 자신이 가장 많이 표현하는 단어들을 찾아보자.

이번에는 위의 단어 중에서 자신이 잘 사용하고, 자신과 잘 맞다고 생각되는 단어를 찾아서 적어보고 함께 나누도록 하자.

나를 표현하는 단어 찾아서 적어보기

_____

_____

_____

📍 인생의 로드맵 그려보기

삶을 살아가는 길은 '인생의 진로'라고 불린다. 사람이 의지적으로 태어났다고 생각하지만 사실 그 시작에서부터 신비한 과정이다. 물론 죽음의 길목으로 가는 것도 사람의 계획으로 되는 것은 아니다. 그래서 인생에서 자신이 살아가는 지도를 그려보는 것은 매우 중요하다.

자신의 인생 로드맵을 그려보는 것은 많은 장점을 가지고 있다. 우리의 인생 여정에서 어떤 것을 극복하고, 무엇을 할 때 기쁜 시간을 보냈는지, 그리고 무엇을 할 때 가장 슬퍼했는지 등 우리의 각 속성에 대해 구석구석을 살펴볼 수 있는 계기가 되기 때문이다. 태어날 때부터 가지고 있는 특별한 능력, 즉 강점은 사용하면서 개발되고 더 확장된다. 인생 가운데서도 그러한 강점을 활용해서 더 기쁜 삶을 영위할 수 있도록 하기 위해서는 스스로 패턴을 만드는 것이 좋다. 그래서 인생의 로드맵을 작성할 때는 다양성을 인정하고 무한한 가능성을 믿으면서 계발해야 한다. 그렇다면 이번에는 아래 박스에 삶의 전환점을 적어보고 방향을 찾아보도록 하자.

진로 로드맵 그리기(영적 랜드마크)

고난을 기회로 활용하기

강점을 가진 사람은 그 분야에서 배우는 속도와 이해력이 남다르다. 우리의 뇌구조는 동일한 지식과 경험 속에서 다양한 상황을 지식과 연결시켜 그 이상의 것을 만들어낸다. 즉, 남과 다르게 할 수 있는 잠재적인 능력이 강점이다. 이것을 현실에서 잘 사용한 노하우는 결국 탁월함을 만들어낸다.

우리는 고난을 만나면 과거의 경험으로 인해 회피하고자 하는 마음을 갖게 된다. 물론 그것이 유익함이 된다는 것을 알지만, 어쨌든 힘든 과정을 통과해야 한다. 욥기 23장 10절에서 고난은 하나님께서 우리를 단련시키시는 훈련의 과정임을 말하고 있다. 그리고 그 고난의 결과로 5천 ℃에서 불순물을 완전히 제거한 정금같이 우리를 사용하실 계획도 내포하고 있다.

> 고난 당한 것이 내게 유익이라 이로 말미암아 내가 주의 율례들을
> 배우게 되었나이다(시 119:71)

고난을 있는 그대로 받아들이고 그것을 담담하게 대할 때 이길 힘도 생길 것이다. 세바시 프로그램에서 이민호 작가가 "넘어질 때는 그냥 일어나지 말고 무언가를 줍고 일어나야 한다"는 이야기를 들은 적이 있다. 지금 눈앞에 있는 고난이나 실패는 곧 우리에게 다른 기회가 온다는 것을 의미한다. 누구나 고난을 좋아할 리 없지만 이 또한 지나갈 것이기에 이는 다른 기회를 위한 준비 기간이고, 그것에서 깨닫는 은혜야말로 좀 더 성숙한 삶을 영위할 수 있는 힘이 될 것이다. 이것이 바로 '강점'이 자라나는 과정이 아닐까 싶다.

고난   기회   강점

📍 약점을 강점으로 역전하기

약점은 강점이 될 수 없는가? 아니다. 약점도 강점이 될 수 있다. 그리고 강점도 약점이 될 수 있다. 열정이 넘치는 사람은 밖에서 에너지를 다 쏟고는 집에 돌아가면 쉬고 싶어진다. 그러면서 가족을 제대로 챙기지 못하는 경우가 있다. 반대로 그런 적극적인 면이 소극적인 사람한테는 부담이 되는 경우도 있는데, 자상한 면이 부족하다 보니 상대를 구석으로 밀어붙이는 경우가 자주 발생한다. 이처럼 우리는 양면을 가지고 있기 때문에 강점이 약점이 되기도 한다. 그렇지만 약점을 강점으로 전환해서 사용할 때 더 놀라운 아이디어로 역전되는 경우가 있음을 기억하기 바란다.

우리가 약할 때에 너희가 강한 것을 기뻐하고 또 이것을 위하여 구하니 곧 너희가 온전하게 되는 것이라 (고후 13 : 9)

사지가 없는 닉 부이치치나 손가락 4개만으로 피아니스트가 된 이희아 양도 우리가 보기에는 약한 부분이 많은데 이를 극복하고 강점으로 전환시킨 사례다. 다시 말해, 이는 '어떤 태도로 세상을 바라보는가'의 문제다. 물론 쉬운 일은 아니다. 누구나 극복한다고 할 수도 없지만, 문제를 문제로 보지 않고 그냥 인정하는 것에서부터 시작할 때 그러한 부분은 이미 약점으로 보이지 않는다.

삶의 여정을 새로 만들어가기

현대의 의료 발달은 우리의 수명을 연장시켜놓았다. 그렇다면 자신을 다시 설계할 필요가 있다고 생각한다. 우리는 스스로를 잘 안다고 생각하지만 자신이 잘하는 것 또는 좋아하는 것을 적어보라고 하면 막상 몇 가지 적지 못하는 것을 보게 된다. 이제는 100세 시대가 현실이 되어버리고 아이를 낳지 않는 것을 볼 때 시니어가 많아지는 시점에서 무엇을 준비할지를 생각해야 할 때다. 내 주변에 친구는 얼마나 있는지, 경제력은 어느 정도인지, 그리고 건강은 잘 챙기고 있는지 등을 체크해보자. 삶에서 이러한 여러 가지 요소가 조화를 이루어야 주변과 좋은 에너지로 함께할 수 있기 때문이다.

인생 에너지 곡선

당신의 인생에서 에너지가 +였을 때와 -였을 때를 적어 보자.
그리고 각각의 상황에서 어떠한 것들이 작용했는지 토론해보자.

항상 기뻐하라. 쉬지 말고 기도하라. 범사에 감사하라 이것이 그리
스도 예수 안에서 너희를 향하신 하나님의 뜻이니라(살전 5: 16-18)

2010년 일본 시즈오카에 머물 때의 일이다. 주변 교회신자 가운데 가
장 젊은 분이 65세였다. 노인들이 있는 교회에 아이들의 소리가 끊어진 지
오래되었다고 한다. 그 이유는 자녀의 신앙이 그들의 선택이라는 생각 때문
이다. 초고령화로 노인이 많은 일본은 마트에서 파트타임으로 일하시는 분
이 많았다. 식당에서도 혼자 밥 먹는 것이 일상이 된 지 오래되었다고 한다.
곧 우리나라에서도 벌어질 상황이라고 여겨졌다.

그때부터 일할 것을 만들어야 한다는 생각이 들어 준비 작업에 착수했
다. 만남과 경제가 접목된 일을 만드는 데 다섯 사람이 모였다. 비전을 공유
하고 의미와 흥미를 만드는 사람들이 되기 위해 생각을 나누면서 서두르지
않고 준비하고 있다. 서로 좋은 에너지를 줄 수 있어야 지치지 않고 갈 수 있
어서 '코칭'이라는 도구를 통해 만나고 있다. 삶은 누구에게나 좋은 선물이
기 때문에 본인도 누리고 다른 사람에게도 나누어주는 것이 필요하지 않은
가? 여러분에게도 그런 귀한 도구인 코칭을 나누어주고 싶다. 그리고 그 도
구를 통해 여러분의 강점을 찾아주고 함께 윈윈하는 삶을 달려가고 싶다.

킹덤 코칭 질문

1. 다른 사람들보다 내가 특별하게 잘하는 것이 무엇일까?
2. 그런 강점을 계발하고 활용할 방법에는 어떠한 것들이 있을까?
3. 약점을 강점으로 활용한 경험이 있다면 어떤 것일까?
4. 하나님 나라를 확장하기 위해 당신의 어떤 강점을 활용하고 싶은가?

15
진로 코칭으로 업그레이드

윤수영 코치

파워 질문

- 사람들에게 당신을 누구라고 소개하는가?
- 당신은 어떤 사람이 되고 싶은가?

청년들을 '낀 세대'라고 불렀던 시절이 있다. '중간에서 오락가락하는 세대', '애매모호한 세대'이기 때문에 정체성을 찾아야 한다는 의미에서 그렇게 불렀다. 그러나 지금의 세대는 낀 세대도 아닌 세대, 삶의 문제에 부딪힌 세대, 개인화된 세대다.

한때 이러한 청년들의 현실을 '3포 세대(취업, 결혼, 출산을 포기한 세대)'로 표현하기도 했다. 더 절망적인 것은 이 3포 세대라는 말이 생긴 지 얼마 지나지 않아 '5포 세대(3포 + 내 집 마련, 인간관계)', 꿈까지 포기하는 '7포 세대(5포 + 꿈, 희망)', 그리고 '9포 세대(7포 + 건강, 외모)'라고까지 불리게 되면서 청년들의 현실적 삶이 얼마나 각박해졌는지를 알 수 있다. 3포 세대, 5포 세대, 7포 세대, 9포 세대라고 부르지만, 이들은 포기한 게 아니라 가질 기회조차 없었다. 그리고 이제는 이들을 "많은 것을 포기한 세대"라는 의미에서 'N포 세대'라 명명한다. 다른 것도 다 포기해야 하는 상황을 뜻해서 'N 세대'라 부른다.

이러한 안타까운 현실이 기독 청년이라고 비켜가는 것은 아니다. 학자금 부채, 취업 사교육비, 어려운 취업, 취업 후에도 장래가 보장되어 있지 않기 때문에 한국의 수많은 청년의 삶과 바를 바 없다. 생존과 적응을 위해 끊임없는 노력과 지속적인 직장생활이 가능한 성공적인 삶을 살아가는 가운데 신앙인으로서의 고민은 더 힘겨운 현실이 아닐 수 없다.

이러한 눈에 보이는 현실 속에서 교회는 청년들과 다음 세대인 청소년들을 위해 무엇을 준비하고 있는가? 현실적인 삶을 살아가야 하는 상황에서 하나님과의 인격적 만남 없이 교회 생활을 하는 청년들은 취업을 빌미삼아 교회를 떠나고 있는 추세다. 신앙이 삶에 뿌리내리지 못하여 갈등하는 청년들을 위해 교회는 신앙 훈련뿐만 아니라 어떻게 실천적 삶을 살아야 하는지에 대해 고민하고 가르쳐야 한다.

청년 문제는 시대적 소명이다. 매 주일 몇 명 출석했는지 계수하는 시대는 지났다. 한 주간을 지내는 청년들이 월요일부터 토요일까지 세상에서 어떻게 살았는지를 카운트하고, 세상의 소금과 빛이 되어 평일에 무엇을 하며 살았느냐에 더 관심을 기울여야 한다.

진로, 취업, 신앙 등에 대해 성경적인 가르침이나 대안 없이는 다음 세대를 세울 수 없다. 청년들의 일터 생활을 기독교적 세계관 안에서 조망하는 과정, 청소년 시절부터 성경적으로 바른 직업관과 신앙 안에서 바른 자기이해, 진로 선택과 일터 생활에 도움을 주는 교육 등으로 청년들의 갈급함을 복음을 통해 현실의 해답을 찾을 수 있도록 기독교적 대안을 제시해야 한다.

> **아이스브레이킹 코칭 팁**
>
> [오른손 하이파이브] 안녕
> [왼손 하이파이브] 반가워
> [양손 하이파이브] 우리 잘해보자

진로, 취업, 신앙 등에 대해 성경적인 가르침과 대안이
필요하다

(1) 직업 가치관 검사

한 개인 또는 사회가 일 또는 지위에 대해 지니고 있는 가치관을 '직업
가치관'이라 한다. 직업 가치관을 통해 개인의 능력과 흥미, 성격 등 다양한
심리적 특성을 객관적으로 측정할 수 있다. 이를 통해 자신에 대한 이해를
돕고, 개인의 특성에 더욱 적합한 진로 분야를 선택할 수 있다.

직업 가치관으로는 전문성, 소속감, 성취감(재미), 인정, 몸과 마음의 여
유, 안정적, 다양한 업무, 지역 등 개인마다 가치가 다를 것이다. 이 외에도
각자 가지고 있는 직업 가치관이 무엇인지 나누어보도록 하자.

나의 직업 가치관 다섯 가지

_____

_____

_____

_____

_____

* 무료로 직업 가치관 검사 받기: 워크넷(work.go.kr), 커리어넷(career.go.kr)

(2) MZ 세대의 직업 가치관

MZ 세대는 실용성을 추구하는 세대로, '사람인'을 통해 직업 가치관이 변화하고 있다는 설문조사 결과가 발표되었다(2021. 12. 22).

최근 명문대를 졸업한 후 현장에서 전문 기술(도배사, 호주에서 워킹 홀리데이를 하며 지게차를 모는 여성 기술자 등)을 발휘하며 일하는 청년들이 주목받으면서 '기술직은 힘든 일'이라는 편견을 깨고 있다. 나아가 이들은 자신이 선택한 직업을 통해 스스로 만족감을 얻고 있다는 것이다.

📍 메타버스와 증강현실

메타버스라 하면 교통수단인 버스(bus)를 연상하는 분들이 있는데, 메타버스(Metaverse)란 메타(Meta: 가상, 초월) + 유니버스(Universe: 우주)의 합성어다. 메타버스에는 네 가지 종류가 있는데 라이프로깅, VR, AR, 거울시계다. 메타버스 관련 직업은 AI 및 소프트웨어 의료기기 발명가, 3D그래픽디자이너(메타버스 건축가), 메타버스 게임 개발자, 아바타 디자이너(캐릭터 디자이너) 등이 있다.

장기화된 위드 코로나(with corona)에 맞춰 메타버스를 활용한 다양한 진로 탐색 프로그램이 진행되고 있다. 미래 환경 교육, 화상회의 플랫폼을 활용하여 변화무쌍한 시대를 살아가는 이들에게 세상이 변하고 있음을 말과 글로만 가르치는 시대는 지났다. 이제는 자신이 관심 있는 분야를 찾아서 다양하게 체험해볼 수 있다. 미래사회 변화의 시대를 살아가는 청소년들의 진로탐색 및 개발을 위한 신개념 체험 학습, 메타버스를 체험을 통한 경험적 학습으로 진로(진학, 취업)까지 연결할 수 있도록 도와준다.

📍 AI 시대의 진로 설정 기준은 무엇인가?

어제의 나와 오늘의 나는 같은 인물인가, 아닌가?
나는 누구인가?
나는 무엇을 할 것인가?

미래의 나는 무엇을 하고 있을 것인가?

자기이해로 자기 지식을 증진시키는 것은 청소년 시기에 아주 중요하다. 단, 자신이 무엇을 잘하고 무엇을 하고 싶은지 흥미와 적성을 찾는 게 아니라 성경에서 가르치는 자기이해, 즉 자아 형상으로 인한 자기이해가 이루어져야 한다.

칼뱅(Jean Calvin)은 "하나님을 알지 못하고서는 자신을 알지 못한다"고 했다. 자기가 누구인지 참자아를 알기 위해서는 하나님에 관한 지식이 선행되어야 한다.

성경에서는 말하는 직업관은 무엇일까?

직업은 인간 생활의 기본 욕구를 충족시켜주는 중요한 활동이다. career는 occupation보다는 큰 개념으로, '진로'라 일컬어진다. occupation이나 vocation은 비교적 같은 개념으로 설명되지만, job은 해당 업무에 종사하는 직무로 이해할 수 있다.

career > occupation = vocation > job

일(occupation)과 소명(vocation)은 직업과 관련하여 동의어일까? occupation은 "생계 수단을 위해 보수를 받기 위해 정해놓고 종사하는 일"을 의미한다. 이는 자연적인 선택이 가능하다. 반면 vocation은 생계유지를 위해 일보다 깊이 있는 의미를 함축하고 있는데, 이는 "부르심을 받은 일(calling)"이다. 직업의 본래적 의미가 하나님께로부터 부여받은 사명임을 나타낸다(고전 7:17, 24).

신약에서 직업을 나타내는 단어로 집중해서 살펴볼 것은 '에베드(ebedh)'라는 단어다. 이 단어는 성경에서 '예배 드리는 행위'를 표현하는 데 사용되었다는 점이다. 구약에서는 이 '에베드'라는 단어가 '일'이라는 단어로 사용되었다는 점을 보면(창 2:5; 4:2; 출 5:18; 20:9 등), 직업이 단순히 돈을 버는 수단으로서의 일(job)이 아닌 하나님께서 주신 소명으로서의 직업(vocation)으로 봐야 한다는 데 성경적 어원의 근거가 된다는 것이다.

이것은 곧 '직업(職: 벼슬 직, 業: 일 업)'이 생계를 위해 자신의 적성과 능력에 따라 일정 기간 동안 종사하는 일이 아니라 하나님께서 각 사람에게 주신 소명(召命)이며 천직(天職)이라는 것을 의미한다고 봐야 한다.

📍 성경적인 직업의 목적은 무엇일까?

성경에서 가르치는 직업의 목적은 무엇일까? 이에 대한 대답으로 첫 번째는 창세기 말씀처럼 땀 흘려 일하라고 하신 하나님의 명령에 순종하는 것이다(창 3:18,19). 두 번째는 생계를 유지하기 위함이다(살후 3:12). 세 번째는 개인에게 주신 은사를 활용하여 사명을 잘 감당하기 위함이다(창 47:3). 네 번째는 가난으로 인한 수치를 당하지 않기 위함이다. 다섯 번째는 하나님께 범죄하지 않기 위함이다(잠 30:9). 여섯 번째는 직업을 통해 기쁨을 누리기 위함이다(전 9:7). 일곱 번째는 친히 수고함으로 경제적인 어려움에 처한 이웃을 돕기 위함이다(행 20:35). 그리고 마지막으로, 자기를 실현하는 삶의 모습 가운데 복음전파의 기회를 갖기 위함이다.

킹덤 코칭 질문

1. 성공적인 삶과 하나님이 기뻐하시는 삶은 어떤 삶일까?
2. 당신의 사명을 통해 세상에 어떤 영향력을 미치고 싶은가?
3. 당신의 삶은 자신과 공동체(가족 혹은 조직)에 어떤 울림이 있는가?
4. 당신의 진로는 세상과 삶 그리고 교회에 어떻게 연결되는가?

CHAPTER

4

인생 코치를 만나라

KINGDOM
COACHING

확신 단계(Assurance Stage)

'그리스도'라는 단어의 의미는

'기름부음을 받은 자', 즉 '구원자'라는 뜻을 가지고 있다.

이는 인생의 모든 해답을 가지고 있다는 뜻이다.

그렇기 때문에 인생에서 예수를 만나야 하는 것이다.

이 험난한 인생길에서 때로는 조력자로 혹은 친구로

나를 응원해주는 이를 만난다는 것이 얼마나 중요하겠는가?

그를 인생의 코치로 받아들일 때 무한한 능력을 체험하게 될 것이다.

이를 확신하는가? 그렇다면 어서 첫발을 떼어 그분과 함께 달려가자!

16
네 장막터를 넓혀라

나진영 코치

파워 질문

• 지금의 시대를 한 단어로 표현한다면 무엇이라고 하겠는가?

• 이 시대에 진정으로 당신의 가슴을 뛰게 하는 것은 무엇인가?

"묵시가 없으면 백성이 방자히 행한다"(잠 29:18)라고 하는데, 이는 "꿈이 없으면 백성이 망한다"는 의미로, 즉 가난한 사람이란 "재물이 없는 사람이 아니라 비전이 없는 사람"을 의미한다. 그렇게 본다면, 뚜렷한 목표 없이 허송세월을 보내는 이들이야말로 세상에서 가장 가난한 사람들이라는 것이다.

창세기에서는 "생육하고 번성하여 땅에 충만하라. 땅을 정복하라. 바다의 고기와 공중의 새와 땅에 움직이는 모든 생물을 다스리라"(창 1:28)고 말하고 있다. 이는 기독교인으로서 하나님의 비전을 가지고 넓은 세상을 향해 달려가라는 뜻이며, 동시에 세상을 정복하고 다스릴 원대한 꿈을 품으라는 비전의 말씀이다.

또한 "장막터를 넓혀라"(사 54:1-3)라는 말은 영어로 "Enlarge the place of

your tent"로 번역된다. 해석하면 "더 큰 비전을 가지라" 또는 "넓은 세상으로 나아가라"라는 의미다. 모든 사람은 태어날 때부터 은사로 받은 무한한 가능성과 잠재력을 가지고 있다. 그러므로 "네 장막을 넓혀라"라는 의미는 "받은 은사를 가지고 더 넓은 세상을 향하여 미래지향적인 비전을 품고 삶의 기초를 튼튼히 하여 멀리 뻗어나가라"는 하나님의 명령으로 해석될 수 있다.

당신의 사고를 확장시킬 수 있는 것은 과연 무엇일까?

당신의 꿈과 비전을 발견할 수 있는 리더십이 있다면 그것은 아마도 코칭 리더십일 것이다. 일방적이고 수직적인 리더십이 아닌, 피코치의 꿈과 비전을 위한 수평적인 배려가 깊게 배어 있는 '코칭 리더십'이야말로 비전의 리더십이기 때문이다.

GCLA 코칭협회의 정의에 따르면, '코칭 리더십'은 "인식의 측면뿐만 아니라 행위적인 측면에서 지속적인 변화를 강조하여 피코치를 지지하고 협력하는 관계로, 피코치의 개인적인 성장 및 문제해결을 돕는 창의적인 대화의 과정"이다. 이에 따라 현 시대에 가정, 학교, 교회 등 사람이 사는 곳이라면 어디에서든지 반드시 코칭 리더십이 요구되고 있다. 아마도 탁월한 대화의 능력을 키워주고 잠재 의식과 창의력을 깨워주는 데 '코칭식 대화법'만큼 탁월한 효과를 주는 리더십이 없기 때문일 것이다.

코칭 리더십의 핵심은 바로 질문에 있다. 오픈형 질문, 사고를 확장시키는 질문 및 가치관 질문 등을 통해 하나님이 원하시는 비전을 발견하고 그 길을 당당히 갈 수 있을 것이다. 이런 질문들은 정답을 찾아가는 질문이 아닌 문제를 스스로 해결하게 하며, 미래지향적인 답을 발견하면서 성장의 길에 올라설 수 있도록 만든다.

그렇다면 질문은 어떻게 해야 할까? 우선, 하나님께 질문하라. 세상의 창조자이며 온 우주 만물을 다스리시는 전능자에게 질문하라. 다윗은 위기의 순간에 하나님께 질문함으로써 그 방법을 얻을 수 있었다(삼상 30:7) 그래서 다윗은 '하나님과 마음이 합한 자'라고 불리는 것이다. 하나님은 그와 마음이 합한 자를 통해 이 세상을 다스리신다. 하나님의 마음을 알려면 먼저 질문함으로써 알 수 있다. 그러면 하나님께서는 당신이 얼마나 귀한 존재이고, 얼마나 가능성이 무한한 사람인지, 그리고 미래에 얼마나 최고의 일꾼이 될 것인지 보여주실 것이다. 이렇게 살아계신 하나님을 진정으로 만났을 때, 그때 하나님께서는 당신에게 더욱 넓은 세상으로 나아가 하나님께서 주신 비전을 위해 당당하게 달려갈 수 있도록 힘을 주실 것이다.

질문을 하는 또 다른 방법은 스스로에게 끊임없이 질문하는 것이다. "나는 누구인가?", "어디서 왔는가?", "어디로 가야 하는가?" 같은 질문을 통해 스스로 더 좋은 방법, 더 효과적인 방법을 찾을 수 있게 된다. 이러한 질문은 사고를 획일화하도록 만들지 않고, 오히려 창조적이고 다양한 답을 발견할 수 있는 가장 효과적인 방법이다. 이처럼 질문은 사고의 확장을 가져오고, 더 나아가 행동에까지 영향을 미친다. 그리고 이렇게 질문에 답을 얻기 위해 사색하는 당신의 행동 하나하나가 바로 비전을 발견하는 출발점이 되기 때문이다.

또 다른 방법은 경청하는 것이다. 경청(傾聽)이란 "귀를 기울여 집중해서 듣는 것"이다. 경청은 상대와의 대화에 귀를 기울여 듣고, 눈은 상대를 바라보며, 낮은 마음으로 공감해주는 것이다. 즉 '잘 듣는다'는 것은 상대에게 맞추어야 하는 것, 즉 겸손해야 한다는 것이다. 또한 잘 들을 수 있어야 질문도 잘할 수 있지 않겠는가? 우물가 여인과의 대화 장면을 떠올려보자. 그곳에서 예수님은 앞에 있던 그 여인의 말을 경청해주었지 않았는가? 이를 통해 그 여인은 자신의 세상적인 문제는 물론이고 영적인 회복까지 덤으로 선물로 받을 수 있었다.

어떠한가? 이제 질문이 얼마나 중요한지 알게 되었는가? 그렇다면 당신의 미래를 위해 끊임없이 질문하기 바란다. 당신의 멘토에게, 부모님께, 선생님께, 친구들에게 그리고 그들의 답변에 귀를 기울이고 잘 들어야 한다. 그러면 세상을 바라보는 시각이 크게 달라질 것이다. 그렇다면 당신은 어떠한가? 당신의 사고를 풍부하게 해주고 확장시켜주는 코칭 리더십을 장착하고 싶지 않은가?

하나님의 비전을 품은 자들과 세상의 비전을 품은 이들의 차이점은 무엇인가?

인생에서 어떠한 변화와 성취를 원하는 사람들은 성경 속의 삭개오처럼 영적으로 갈급함이 있을 때다. 한평생 세상의 것만 추구하던 삭개오가 본인이 살던 여리고에 예수님께서 방문하고자 할 때 그 기회를 놓치지 않고 반드시 만나고자 하는 엄청난 비전을 가지게 되었다. 마침내 그는 예수님을 자신의 집에 모시게 되었고, 진정한 삶의 회개를 한 뒤 하나님의 비전을 품은 자가 되었다.

당신이 하나님의 비전을 품은 자라면, 어두운 인생길과 고난의 길에서 절대로 절망하지 않고 당당하게 나아갈 수 있다. 사자굴 속에 갇힌 다니엘을 상상해보라. 그는 그러한 상황 속에서도 하나님만 바라보고 믿음을 잃지 않았다. 그처럼 당신도 어떠한 절망 가운데서도 당당하게 하나님만 의지할 수 있겠는가?

만일 당신에게 하나님께서 허락하신 비전이 있다면 매일의 삶에 두려움을 느끼지 않을 것이다. 비전의 사람은 하나님과 함께하는 임마누엘의 삶을 살아가는 이들이기에 절대로 두려움을 느끼지 않는다. 마태복음 28장 20절의 말씀처럼 "세상 끝날까지 항상 함께하신다"는 생명의 약속을 믿는다면 그 어떤 어려움도 극복할 수 있을 것이다. 그리고 그 출발점은 바로 '하나님의 비전을 품는 것'이다.

◉ 그렇다면 무엇을 언제 하고자 하는가?

유명한 나이키 광고의 문구를 기억하는가? 그것은 바로 "Just Do It!"이다. 한글로 해석하자면 아마도 "그냥 하면 되는 거야!" 다시 말해, 비전은 행동하는 자와 함께한다는 말이다. 진정으로 하나님의 꿈을 갖고 이루고 싶다면 지금 바로 시작하라.

'현대 선교의 아버지'로 불리는 윌리엄 캐리는 이런 유명한 말을 남겼다. "하나님으로부터 위대한 일을 기대하라. 하나님을 위해 위대한 일을 시도하라." 하나님으로부터 위대한 일을 기대하는 것이 바로 '비전'이고, 그것을 행동으로 옮기는 것이 바로 '하나님의 사람'이다. 그러므로 비전을 가진 자와 그렇지 못한 자의 미래는 이처럼 크게 다르다.

비전을 가져야 하는 이유는 우선 하나님은 비전을 가진 자에게 관심을 가지시기 때문이다. 야곱은 열망이 대단한 인물이었다. 그의 이름 뜻이 '발꿈치를 잡는 자'였을 만큼 자신의 비전을 성취하기 위해서라면 인정사정없었다. 창세기 37장에 나오는 요셉은 청년의 때에 하나님이 주신 비전을 품게 되었다. 약 13년 동안의 훈련을 거듭한 뒤에 믿음으로 성숙한 자가 되자 하나님은 그의 비전을 이루어주셨다. 또한 갈렙은 85세에 "그날에 여호와께서 말씀하신 이 산지를 내게 주소서"라며 비전 성취를 위해 적극적인 믿음의 횡보를 멈추지 않았으며, 마침내 헤브론 땅을 얻게 되었다.

2009년 4월 기도 중에 하나님께서는 필자에게 태권도 선교센터를 통한 비전을 주셨다. 믿고 기도했는데 시간이 지나도 이루어지지 않았다. 그 가운데 주님께서 "10년 뒤에 줄 것이다"라는 응답을 해주셨다. 그리고 2018년 8월 하나님께서는 인도네시아 자카르타에 K-Art Studio 태권도 선교센터를 주셨다. 정확히 10년 만이다. 10년 동안 태권도 선교, 태권도 도장 운영, 수업안 만들기, 가르치는 방법 등을 공부했다. 만약 10년 동안의 준비가 없었다면 지금 태권도 선교센터는 없었을 것이다. 아니, 어쩌면 1년도 안 되어 망했을지도 모른다.

미래는 내일이지만, 준비는 오늘부터 시작해야 한다. 당신은 오늘 하나님의 비전을 품고 있는가? 그렇다면 지금부터 하나님의 장막터를 넓히기 위해 달려가자. 작은 행동 하나가 하나님의 비전을 이루는 단추가 될 것이다.

행동하지 않으면 절대로 경험하지 못한다. 아무리 좋은 계획이 있더라도 행동하지 않으면 아무런 소용이 없다는 뜻이다. 언제 당신의 발을 떼고자 하는가? 지금 시작하라!

아래 질문의 답을 통해 당신의 비전을 확립할 수 있다. 하나님은 모든 이들을 향한 특별한 계획을 갖고 계신다. 다시 말해, 당신을 통해 놀랍고 크신 일들을 이루시길 원하신다. 비전은 밑에서 위를 바라보는 것이 아니라 위에서 아래를 바라봐야 넓고 멀리 볼 수 있음을 기억하라.

비전을 확립하는 질문들

WHAT	1. 무엇이 당신의 비전이라 확신할 수 있습니까? 2. 당신은 비전을 통해 무엇을 얻을 수 있습니까? 3. 당신의 비전은 무엇입니까? 구체적으로 설명할 수 있습니까?
WHERE	1. 당신의 비전은 어디서 왔습니까? 2. 비전을 이루기 위해 어디로 가야 하나요? 3. 당신의 비전은 바른 길로 가고 있습니까?
WHO	1. 당신의 비전을 누구와 나누고 싶습니까? 2. 당신의 비전을 이끌어줄 사람은 누구입니까? 3. 당신의 비전이 이루어질 때 누가 가장 기뻐할까요? 그 이유는 무엇입니까?
HOW	1. 당신의 비전을 이루기 위해 가장 효과적인 방법은 무엇입니까? 2. 하나님의 비전과 당신의 비전은 같다고 생각합니까? 3. 당신의 비전임을 어떻게 확신하십니까?
WHY	1. 당신의 비전이 중요한 이유는 무엇입니까? 2. 하나님께서 당신에게 그 비전을 주신 이유는 무엇일까요? 3. 그 비전이어야만 하는 이유가 있을까요?
WHEN	1. 당신의 비전을 위해 지금 해야 할 일은 무엇일까요? 2. 5년 뒤에 당신의 비전은 몇 퍼센트나 완성되어 있을까요? 3. 몇 년 뒤에 당신의 비전이 이루어질까요?

1. '장막터를 넓힌다'는 것은 당신의 인생에 어떠한 의미가 있는가?

2. 비전을 크게 갖게 된다면 어떠한 변화를 기대할 수 있는가?

3. 자신의 미래를 위해 지금 반드시 변화를 주어야 할 세 가지가 있다면 무엇인가?

4. 새로운 비전을 위해 지금 포기해야 할 것들은 무엇인가?

17
인생의 새로운 여정을 지날 때

줄리아김 코치

파워 질문

- 당신은 여행용 가방에 무엇을 넣고 인생이라는 여정을 떠나고 싶은가?
- 그 여정에서 당신은 누구 혹은 무엇과 함께하고 싶은가?

인생은 선택의 연속인 것 같다. 어린 시절부터 시작되는 선택들이 모여서 '인생'이라는 길을 만들고 결정한다. 그러고 보면 지금의 내 모습도 여러 선택의 결과이고, 미래의 나의 모습도 현재 내가 어떠한 선택을 하고 행동하느냐에 따라 결정될 것이다. 그래서 모든 사람에게 인생을 살면서 매 순간 선택해야 하는 상황이 큰 과제임에는 분명한 것 같다. 왜냐하면 선택의 과정은 그가 오랫동안 쌓아놓은 개인적 세계관에 근거하기 때문이다.

그렇다면 '세계관'이란 무엇일까? 그것은 바로 개인이 인식하든 인식하지 않든 삶을 영위해가는 기본적인 신념이다. 세계관은 삶의 문화를 만드는 요소이며, 어떠한 세계관을 가지고 있느냐에 따라 독특한 문화를 형성하게 된다. 예를 들어, 성경적 세계관은 간단히 표현해서 성경적인 삶이다. 성경의 눈으로 삶을 바라보고 이해하며 해석하는 것을 성경적인 세계관이라고 할 수 있다.

성경적 세계관의 핵심은 무엇일까? 그것은 아마도 '관계'에 대한 것이라고 할 수 있다. 여러 가지 관계 중에서 우선 '하나님과의 관계'가 인생에 끼치는 영향력에 대해 알아보자. 하나님은 살아계신 분이며, 지속적으로 우리의 삶 속에서 소통하고 공감하시며 함께 변화를 이끌어가신다. 하나님은 모세를 호렙산 떨기나무 가운데서 불러서 주님 앞에 서게 하셨고, 그를 통해 이스라엘 백성을 출애굽하는 대장정의 길을 가게 하셨다. 출애굽기 33장 11절 말씀에 모세는 "하나님을 친구처럼 대면했던 자이다"라고 기록하고 있다. 친구는 서로에 대해 잘 알고, 많은 시간을 함께 보내면서 그 친구가 무엇이 필요한지조차 아는 사이다. 그렇다면 우리도 하나님과 친구 같은 긴밀하고 가까운 관계를 유지할 수 있을까?

친구 관계가 형성되기 위해 해야 할 일은 무엇일까? 지금 당신 앞에 하루 24시간, 즉 1,440분이 준비되어 있다. 이 시간을 어떻게 사용하는지를 살펴보면 당신의 인생을 누구 혹은 어디에 쏟고 있는지를 쉽게 알 수 있을 것이다. 성경에서는 "청년들이여, 네 어린 때를 즐거워하며 네 청년의 날을 마음에 기뻐하여 마음에 원하는 길과 네 눈이 보는 대로 좇아 행하라. 그러나 하나님이 이 모든 일로 인하여 너를 심판하실 줄 알라"(전 11:9)고 말하고 있다. 주님은 우리가 행복하게 살길 원하시지만, 지나친 방종이나 향락에 빠지지 않기를 원하신다. 즉, 인생을 육신의 정욕에 따라 살지 말고 하나님이 원하시고 바라시고 소망하는 뜻을 따라 살아야 함을 말씀하고 있다.

그렇다면 이제 우리의 인생을 잠시 둘러보는 시간을 가져보자. 혹시 지금 하나님과 당신 사이의 관계가 멀어졌거나 단절되어 있다고 느끼는가? 만약 우리가 하나님과의 관계가 멀어져 있다면, 어떻게 회복할 수 있을까? 하나님과의 관계를 회복하는 데 가장 빠른 길은 바로 '소통'하는 것이다. 다시 말해 하나님과의 대화, 즉 '기도' 없이는 하나님과의 멀어진 관계를 회복시킬 수 없다.

'기도의 성자'라고 불리는 조지 뮬러(George Muller)는 기도 응답을 무려 5만 번 이상 받은 것으로 유명하다. 그가 가장 시간을 많이 들여 기도한 제목은 어릴 적부터 함께한 다섯 친구의 구원에 대한 기도였다. 그 후 친구 세 명이 구원받았지만, 다른 두 명의 친구는 여전히 예수를 믿지 않았다. 그는 실망하지 않고 계속 기도했는데, 그것이 자그마치 52년 세월이었다. 뮬러는 노년이 되어 자신의 생명이 얼마 남지 않았다는 것을 직감하고 어느 교회에서 마지막 집회를 하게 되었는데, 두 명 중 한 친구가 뮬러의 설교를 듣고 회개하고 예수를 믿게 되었다. 뮬러는 마지막 한 친구의 구원을 보지 못하고 하나님의 부름을 받게 되었다. 하지만 마지막 남은 친구는 뮬러가 죽은 후 그의 장례식에 참석해서 자신을 위해 52년 동안 기도했다는 소식을 듣고 큰 감동과 눈물의 회개로 결국 예수를 믿게 되었다.

이제 새로운 인생의 여정을 떠날 시간이다. 지난날에 대해서는 잊어야 할 때다. 당신의 인생에서 진정으로 최고의 누군가를 만났다면, 지금부터 당신은 새로운 인생의 여정을 시작해야 할 것이다. 이때 당신은 누구와 함께하고 싶은가? 조지 뮬러는 하나님과 관계를 맺는 데 최선을 다했던 인물이다. 그의 인생처럼 그렇게 당신의 인생 여정을 하나님과 함께하며, 또한 하나님께서 선물로 주신 성경과 기도 그리고 주님의 사랑을 가지고 떠나길 바란다. 왜냐하면 청년의 때에 꼭 필요한 인생의 필수 품목이기 때문이다. 또한 필자는 믿음의 선한 싸움을 하는 청년들이 허탄한 곳에 귀한 시간을 낭비하지 않고 하나님 앞에 드리길 원한다. "세월을 아끼라 때가 악하니라. 그러므로 어리석은 자가 되지 말고 오직 주의 뜻이 무엇인가 이해하라"(엡 5:16-

17)는 말씀을 이 순간 깊이 묵상하면서 당신의 인생 여정 가운데 누구와 그리고 무엇을 가지고 시작할지 깊이 고민해보기 바란다.

현재 나의 모습과 10년 뒤 많이 변화된 나의 모습은 어떠할까?

청년들은 어떠한 모습을 가지고 있을까? 청년 시기의 모습을 가장 잘 나타낸 사진을 찾는다면 당신은 어떠한 사진을 가져올까? 이러한 질문에 어떤 이는 우주선이 하늘을 향해 출발하는 사진을 가져왔다. 그리고 다음과 같은 이야기를 했다. "이것을 보세요. 저는 이렇게 추진력을 가지고 엄청난 양의 에너지를 내뿜는 이러한 우주선의 출발 광경을 청년들의 모습이라고 생각합니다. 그들은 늘 어딘가를 향하여 떠나려고 합니다. 뒤도 돌아보지 않고서 무조건 본인들이 원하는 것을 향하여 떠나려는 습성이 있습니다."

이처럼 청년의 때는 아마도 세상이 주는 구속이라는 굴레를 벗어나서 자유를 찾아 전진하는 시기일 것이다. 하지만 세상은 그들을 그대로 놔두지 않는다. 그러한 과정에서 학업과 직업을 위해 더욱 매진해야 하고, 평생 지속되는 여러 가지 의무와 선택 사이에서 습관적으로 되풀이되는 일들로 인해 수레바퀴 안에 갇히게 된다. 그럼에도 하나님께서는 그 청년들의 발걸음을 이끌고 미래로 나아가실 것이다. 그렇다면 아래의 박스에 진실한 여러분의 이야기를 직접 들려주길 바란다.

현재의 모습	10년 뒤의 모습
＿＿＿＿＿＿＿	＿＿＿＿＿＿＿
＿＿＿＿＿＿＿	＿＿＿＿＿＿＿
＿＿＿＿＿＿＿	＿＿＿＿＿＿＿
＿＿＿＿＿＿＿	＿＿＿＿＿＿＿

현재 내 인생의 최고 가치를 채우고 있는 가치 목록 만들기

아마도 많은 사람은 선택의 기로에 서게 될 것이다. 왜냐하면 하나님께서 허락하신 인생 여정에 무엇을 채울 것인지 고민해야 하기 때문이다. 그러므로 최고의 가치를 잘 분배해서 인생 경영을 해야 할 것이다. 적어도 80년은 써야 하기 때문이다. 오늘 당신 인생의 가치를 채우고자 하는 목록들을 아래 칸에 적어보고 그 이유를 나누어보기 바란다.

내 인생의 최고 가치 목록

_____

_____

_____

_____

📍
나의 삶에서 중요한 단어 3개를 고른 뒤 그 이유를 함께 나누기

당신은 성경에 나오는 '어리석은 부자' 이야기를 들어본 적 있는가? 그는 인생에서 재물만 충분하다면 영혼도 평안하고 행복한 삶을 살 수 있다고 생각했다. 게다가 더 많이 모으기 위해 큰 창고를 짓고는 다음과 같이 말했다. "내 영혼아, 여러 해 쓸 물건을 많이 쌓아두었으니 이제 평안히 쉬고, 먹고, 마시고, 즐거워하자." 이때, 하나님께서 그 부자를 찾아오셔서 다음과 같은 강력한 질문을 하신다. "어리석은 자여, 오늘 밤 네 영혼을 데리고 간다면 네가 가지고 있는 그 재물이 누구의 것이 되겠는가?" 그리고 그 하나님께서 오늘 밤 당신을 찾아오셔서 "네 인생에서 가장 중요한 세 가지가 무엇이냐?"고 질문하신다면 당신은 무엇이라고 답변할 것인가?

내 인생에서 가장 중요한 세 가지

_____

_____

_____

_____

삶에 활력이 되는 것과 장애가 되는 것 다섯 가지씩 적어보기

어떤 이들은 "인생은 이른 아침에 찬란한 햇빛을 받으며 영롱한 이슬을 머금고 파릇하게 돋아나는 풀이지만, 저녁이 되면 말라 시들어버리는 풀과 같다"고 한다. 풀은 피고 자라고 진다. 마치 바다의 파도처럼 잠깐 밀려오다가 거품처럼 순식간에 사라져버리는 것이 인생이다. 우리의 인생을 생각해보자. 먼저, 한 가정의 기쁨으로 태어난다. 그리고 학교에 들어가 사회 생활을 시작한다. 이후에는 삶의 터전이 될 직장을 얻고, 모든 이들의 축하를 받으며 결혼하고 자녀를 낳고 한 가정을 이룬다. 그런 뒤 나이가 들어 정년퇴직을 하고 몸이 점점 시들어가다가 마침내는 죽음을 맞이한다. 이렇게 보니, 우리 인생은 풀과 같은 운명인 것 같다.

당신은 인생에서 무엇을 구하고 누구를 만나려고 노력하는가? 성경이 말하는 지혜로운 삶을 살려면, 탄생 B(Birth)와 죽음 D(Death) 사이에 있는 C를 찾아야 한다고 말한다. 여기서 C는 바로 선택(Choice)를 말하는 것이다. 우리는 인생을 살아가면서 수많은 선택의 순간을 맞이한다. 그럴 때마다 당신은 지혜로운 인생을 구하기 위해 올바른 선택을 해야 할 것이다. 짧은 순간의 쾌락을 위한 마약 혹은 성적 욕구를 선택할 것인지, 지혜롭고 영적으로 풍요로운 삶을 살기 위해 Christ(예수 그리스도)를 선택할 것인지는 B와 D 사이의 C, 즉 당신의 몫이다. 삶의 의미와 가치를 부여하는 동시에 우리의 영혼까지도 케어하는 존재가 있다면 절대로 놓치지 말아야 하기 때문이다.

삶에 활력이 되는 것	삶에 장애가 되는 것

‘나의 인생 연설문’ 작성하기

과연 하나님의 은혜 없이 홀로 살아갈 수 있을까? 아마도 사람은 하나님의 은혜가 전적으로 필요한 존재일 것이다. 성공한 사람들을 둘러보면 왠지 스스로의 힘으로 모든 것을 이루어낸 것처럼 보일 수 있을 것이다. 그래서 사람의 입장에서 볼 때는 ‘성공한 자’와 ‘실패한 자’로 구분되지만, 하나님이 보실 때는 ‘성공한 인생’과 ‘실패한 인생’으로 나누어지는 것이다.

다시 말해, 인생에서 ‘성공’이라고 말할 때는 세상의 것으로 인생을 가득 채우는 것이 아님에 틀림없다. 그래서 전도서 1장 2절에서 "전도자가 가로되 헛되고 헛되며 헛되고 헛되니 모든 것이 헛되도다"라고 고백하고 있는 것이다. 그래서 당신이 풍요로운 인생의 대명사인 솔로몬 같은 삶을 살더라도 인생의 마지막에는 아마도 '헛되도다'라는 고백을 하게 될 것이다. 그렇다면 어떠한 삶을 살아야 할까? 그리고 지금 당신은 어떤 인생을 살아가고 있는가?

나의 인생 연설문

_____

_____

_____

_____

_____

_____

_____

_____

_____

_____

_____

_____

_____

_____

_____

1. '인생을 성공적으로 마친다'는 것은 무슨 의미일까?

2. 인생의 여정을 무엇으로 가득 채우고자 하는가?

3. 내 인생에서 죄를 짓게 하는 요소들은 어떠한 것들일까?

4. 믿음의 삶을 살기 위해 나 자신이 변화해야 할 세 가지가 있다면?

18
미셔널 리더를 꿈꾸라

정영민 코치

파워 질문

• 당신이 가지고 있는 '미션(mission)'이라는 단어의 의미는?

• 내 인생에서 가장 기쁘고 설레게 하는 것은 무엇인가?

역사 속에 교회는 문화의 중심지였다. 세상을 선도해가는 문화의 중심지가 교회였다. 하지만 오늘날 교회는 그 권세를 잃었다. 세속적인 문화가 세상의 중심이 되어 교회의 문화는 변두리로 밀려났다. 이런 상황에서 하나님의 비전을 품은 미셔널 리더가 필요하다. 어둠에 내어준 것들을 다시 회복시켜야 한다.

하나님은 아브라함을 통해 언약을 맺으셨다. 아브라함은 하나님의 언약(covenant) 하나만 믿었다. 그리고 그에게는 즉시 가나안으로 이주한 믿음의 결단과 순종이 있었다. 그 당시 아브라함이 살았던 갈대아 우르는 세계 문명의 중심지였다. 세계에서 가장 안전하고 기술이 발달했다. 또한, 경제적으로 풍요롭고 지구상에서 교육하기에 가장 완벽한 도시였다. 우르는 지구상에서 가장 문명이 발달하고 많은 사람이 모여 있는 메소포타미아 문명의 발생지였다.

그러나 아브라함이 초기에 정착한 가나안에 있는 헤브론은 해발 800m의 돌산이었다. 나무가 잘 자랄 수 없는 곳이었다. 하나님의 비전을 보고 가나안까지 왔지만, 비옥한 땅도 아니었고 발달한 문명도 없었다. 아브라함의 심정은 어떠했을까? 그런데도 아브라함은 하나님의 말씀에 순종했다.

아브라함 언약(Abrahamic covenant)은 먼저 이스라엘 민족에게 계승되었으며, 마침내 예수 그리스도를 통해 신약 교회가 태동했다. 즉, 아브라함의 언약은 예수 그리스도를 통해 바로 신약 시대의 나 자신에게까지 이어져온 것이다.

아브라함은 그 당시 가장 문명이 발달한 도시에 살고 있었다. 하나님께서 아브라함에게 보여준 영광은 세상의 어떤 조건보다 하나님의 비전을 보여주었다. 태양을 본 사람이라면 촛불에 연연하지 않는다. 그러므로 하나님의 비전을 본 아브라함은 최고의 문명과 최고의 환경에 전혀 연연하지 않았다. 그렇다면 갈대아 우르에 살고 있던 아브라함을 부르신 하나님이 나에게 전하는 의미는 무엇일까?

여행 가고 싶은 세 곳을 골라보자. 무엇이 당신을 그곳으로 이끄는가?

　2022년 국제교류 전문업체인 헨리앤드파트너스가 발표한 한국의 여권 지수는 세계 2위에 랭크되었다. 한국 일반여권으로 비자(사증)를 받지 않고, 혹은 간단한 절차만으로 자유롭게 오갈 수 있는 나라는 현재 126개국이다. 지금의 시대는 몇몇 나라를 제외하고는 대부분의 지역을 여행할 수 있다. 만약에 세 곳을 여행할 수 있는 경비를 준다면 어느 나라를 여행하고 싶은가?

여행 가고 싶은 세 곳과 그 이유는?

_____

_____

_____

_____

📍 당신의 주변에 복음이 필요한 사람들은 얼마나 될까?

예수님께서 이 땅에 오신 지 2천 년이 지났지만, 아직도 복음을 들어보지 못했거나 거부하는 종족과 나라들이 많다. 종족이란 "같은 언어를 사용하는 집단"을 의미한다. 미전도 종족(UPG, the Unreached People Group)이란 타문화권의 도움 없이 스스로 복음을 전할 수 없는 종족을 의미한다. 현재 복음화율이 2% 미만인 미전도 종족은 7,400여 개로, 세계 인구의 42%인 약 32억 명으로 추산된다. 그렇다면 2020년대인 지금은 과연 얼마만큼의 종족들에게 복음이 전해졌을까?

한국에 체류하는 외국인은 200만 명이 넘는다. 그리고 다양한 민족이 살고 있다. 이제 한국에는 다문화가정도 점차 증가세다. 당신 주변에 복음이 필요한 사람들은 얼마나 될까?

내 주변에 복음이 필요한 사람들의 명단

_____   _____

_____   _____

_____   _____

_____   _____

_____   _____

선교적인 삶을 살아야 하는 세 가지 이유

성경 전체는 선교를 말하고 있다. 복음의 시작은 하나님이시다. 하나님께서 인간의 구원을 위해 독생자 예수 그리스도를 이 땅에 보내주셨다. 복음은 예수 그리스도이며, 초대교회에서는 십자가 복음이 활발하게 전해졌다. 하지만 복음은 예루살렘에만 머무르지 않고 세상 끝까지 전해져야 했다.

예루살렘에서 예수 그리스도를 믿는 사람들에게 거센 핍박이 있었고, 더 나아가 스데반 집사의 순교가 이어졌다. 스데반의 순교로 핍박을 피해 수많은 사람이 사마리아와 아시아까지 흩어지게 되었다. 사도행전 11장 20절 "그 중에 구브로와 구레네 몇 사람이 안디옥에 이르러 헬라인에게도 말하여 주 예수를 전파하니"에서 흩어진 사람들은 안디옥에 이르러 유대인뿐만 아니라 헬라인에게도 복음을 전하게 되었다.

사도행전의 기록에 따르면 사도 바울은 수리아, 길리기아, 갈라디아, 아시아, 마게도냐, 아가야에서만 주로 활동했다. 하지만 흩어진 사람들은 로마 제국을 두루 다니며 복음을 전했다. 그렇다면 선교란 무엇인가? 하나님을 모르는 이방 민족들이 하나님을 알고 경배하도록 돕는 것이다. '미션'이라는 용어는 어디서부터 시작되었는가? 중세 가톨릭교회는 원주민을 개종시키기 위해 사제들을 라틴아메리카로 보냈다. 그들을 '미시오(Missio)'라고 불렀다. 이 단어가 영어의 '미션(mission)' 혹은 '미셔너리(missionary)'라는 단어의 어원이 되었다. 여기서 이런 질문을 던지고 싶다. "우리는 무엇 때문에 하나님께서 원하시는 선교적인 삶을 살아가야 하는가?"

나의 미래 미셔널 리더로서의 모습은 어떠할까?

세상에는 여러 분야에 리더가 있다. 리더란 목적과 목표 의식을 분명히 인식해야 한다. 목표 의식이 없는 리더란 소경이 소경을 인도하는 것과 같다. 미셔널 리더의 목적은 단 한 가지다. 미셔널 리더는 하나님의 비전을 따라 순종하며 살아간다.

사도행전 16장 9절에서 "밤에 환상이 바울에게 보이니 마게도냐 사람 하나가 서서 그에게 청하여 이르되 마게도냐로 건너와서 우리를 도우라 하거늘" 사도 바울은 1차 전도 여행을 다녀온 후 2차 전도 여행을 떠났다. 하지만 성령이 아시아에서 말씀을 전하지 못하게 하셨다.

사도 바울은 좌충우돌의 상황에서도 하나님의 비전에 귀를 기울인다. 그러다가 환상 가운데 마게도냐 사람이 도와달라는 요청을 듣게 된다. 사도 바울은 즉시 다음날 선교의 방향을 아시아에서 유럽으로 바꾸게 된다. 이는 하나님께 마음을 다하여 귀를 기울일 때 말씀하신다는 의미다. 결국, 선교의 주체이신 하나님께서 사도 바울을 아시아에서 유럽으로 이끄셨다. 복음은 예루살렘에서 온 유대와 사마리아를 거쳐 땅끝까지 전파되었다. 이처럼 한 사람의 순종으로 인해 복음이 전 세계에 퍼지게 되었다.

내가 원하는 미셔널 리더의 모습은?

_____

_____

_____

_____

_____

_____

_____

📍 미셔널 리더가 되기 위해 무엇을 준비해야 할까?

사람들에게 시간은 동일하게 주어진다. 그런데 하나님의 부르심에 응답하는 시간은 '카이로스'의 시간이다. 미셔널 리더가 되기 위해서는 하나님의 부르심에 응답하는 카이로스의 때가 이루어져야 한다. 하나님의 부르심에 내가 응답할 때 카이로스의 때가 완성되기 때문이다.

미셔널 리더가 되기 위해서는 두 가지가 충족되어야 한다. 하나는 하나님의 부르심에 대한 굳센 믿음이다. 하나님의 부르심을 의심하게 될 때 혼돈의 시간이 올 수밖에 없다. 다른 하나는 매일 순종하는 것이다. 매일의 순종을 통해 하나님의 역사가 드러나기 때문이다. 이처럼 미셔널 리더는 하나님을 향한 굳센 믿음과 매일 말씀에 대한 순종의 자세가 있어야 한다. 오늘의 순종 없이는 내일의 순종이 있을 수 없기 때문이다. 여기서 질문하고자 한다. 당신이 미셔널 리더가 되기 위해 무엇을 더 준비해야 하는지 궁금하다.

미셔널 리더가 되기 위해 더 준비해야 할 것은?

_____

_____

_____

_____

_____

킹덤 코칭 질문

1. 이번 강의를 통해 나 스스로 하고 싶은 질문은?
2. 하나님의 부르심이 없는 삶은 과연 어떠한 모습일까?
3. 미셔널 리더로 부르심에 응답하기 위해 당장 해야 할 세 가지는?
4. 오늘 주님이 당신을 찾아오신다면 어떤 질문을 하고 싶은가?

19
탁월한 코치와 동행하라

한남희 코치

파워 질문

• 이 시대의 탁월한 코치를 한 단어로 표현한다면 무엇이라고 하겠는가?

• 이 시대의 탁월한 코치가 된다면 무엇을 하고 싶은가?

오스트리아 출신의 유대인 철학자 마르틴 부버는 "인생은 만남이다" 라고 말한다. 독일의 문학자 한스 카롯사도 "인생은 너와 나의 만남이다"라고 했다. 그렇다. 인생은 나와의 만남, 너와의 만남, 우리의 만남이다. 부모와의 만남, 친구와의 만남, 스승과의 만남, 멘토와의 만남, 코치와의 만남이다. 만남이 중요하다. 왜냐하면 누구를 만나느냐에 따라 그 사람의 인생 방향이 결정되기 때문이다.

프랑스의 철학자 사르트르는 "인생은 B와 D 사이에 있는 C다"라고 말했다. 여기서 B는 'Birth', D는 'Death'를 의미한다. 그렇다면 사르트르가 말하는 C는 무엇일까? 바로 Choice다. 사르트르가 말하는 인생은 출생과 죽음 사이에서 이루어지는 수많은 선택이다. 어제의 선택이 오늘의 나를 만들고, 오늘의 선택이 내일의 나를 만든다. 그러므로 선택은 정말로 중요하다. 왜냐하면 오늘 무엇을 선택하느냐에 따라 당신의 내일이 바뀌기 때문이다.

번호	인물	하나님을 만나기 전	하나님을 만난 후
1	아브라함	우상을 섬기는 사람 / 거짓말쟁이	
2	야곱	거짓말쟁이 / 사기꾼	
3	요셉	왕따 / 피해자 / 도망자 / 수감인	
4	모세	말을 더듬는 사람 / 살인자	
5	기드온	겁쟁이	
6	삼손	바람둥이	
7	라합	기생	
8	다윗	간음 / 살인자	
9	엘리야	우울증 환자	
10	요나	도망자 / 변명하는 사람	
11	나오미	과부	
12	욥	외톨이 / 파산자	
13	베드로	평범한 어부 / 배신자	
14	마리아	근심이 많은 자 / 분주한 자	
15	막달라 마리아	귀신 들린 자	
16	사마리아 여인	이혼녀	
17	삭개오	키 작은 자 / 사채업자	
18	바울	핍박자 / 살기등등한 자	
19	마가	게으른 자 / 피하는 자	
20	아리마데 요셉	방관자 / 우유부단한 자	

그렇다면 가장 탁월한 만남은 누구와의 만남일까? 가장 탁월한 선택은 어떠한 선택일까? 성경에는 하나님을 만나고 나서 인생이 바뀐 사람들의 이야기로 가득하다. 위의 표에서 성경에 나오는 인물들이 가장 탁월한 코치이신 하나님을 만나고 나서 그들의 인생이 어떻게 바뀌었는지 알아보자.

2019년 12월 발생한 코로나19 팬데믹으로 4차 산업혁명이 더욱 가속화됨으로써 세상은 빠르게 변화하고 있다. 리더십도 예외는 아니다. 기존의 전통적인 리더십에서 새로운 리더십으로 변화하고 있다. 변혁적 리더십, 팀 리더십, 진성 리더십, 서번트 리더십, 멘토 리더십, 코칭 리더십 등이 그것이다.

그중에서도 '코칭 리더십'은 빠르게 변화하는 4차 산업혁명 시대에 부합하는 리더십으로 주목받고 있다. 스포츠 분야는 물론 기업과 단체를 넘어 이제는 교회와 개인도 코칭이 더 이상 생소한 단어가 아니다. 모든 삶의 영역에 리더십, 카운슬링, 컨설팅, 멘토링, 코칭이 필요한 시대가 되었다. 그중에서도 코칭은 포스트 모더니즘 시대에 가장 중요한 지도력으로 대두하고 있다.

먼저 크리스천 코칭의 정의와 코치의 역할을 알아보고, 탁월한 코치가 필요한 이유와 탁월한 코치를 만나기 위해 준비해야 할 것이 무엇인지 살펴보자.

크리스천 코칭이란?

크리스천 코칭의 한 획을 그은 게리 콜린스는 "크리스천 코칭이란 개인이나 집단을 현재 있는 지점에서 하나님이 원하는 지점으로 갈 수 있도록 인도하는 기술이자 행위"라고 말하고 있다. 다시 말해, 크리스천 코칭이란 "한 개인을 하나님의 사람으로 세워가기 위해 영적 · 실제적으로 돕는 과정으로, 코치와 피코치가 파트너가 되어 피코치 스스로 목표를 설정하고 그 목표를 효과적으로 달성할 수 있도록 코치가 피코치에게 질문하고 격려하고 지지해 줄 뿐 아니라 피코치 스스로 목표를 성취하는 과정을 통해 피코치의 삶에 진정한 변화와 성숙이 이루어지도록 지원하는 삶의 과정"을 말한다.

크리스천 코치의 역할은 무엇인가?

크리스천 코치는 한 개인이 현재 처한 자리에서 하나님이 그에게 원하시는 곳까지 이를 수 있도록 도와준다. 코치는 사람들의 가치관과 삶의 목적, 영적 은사, 능력 그리고 하나님이 주신 장점을 명료화하도록 요구한다. 이때 초점은 비전과 사명에 맞춘다. 크리스천 코치는 피코치가 독특하고 가치 있는 존재임을 믿으며, 피코치가 새로운 피조물인 것과 피코치를 위한 하나님의 특별한 목적이 있다는 것을 보게 하며, 코칭을 통해 피코치로 하여금 세상에 선한 영향력을 끼치게 도와주는 사람이다.

왜 탁월한 코치가 필요한가?

한국에서 최고의 축구선수는 누구일까? 1980년대는 분데스리가의 차 붐 차범근, 2000년대는 월드컵의 영웅 박지성, 2022년인 지금은 손흥민 선수가 대세다. 그중에서도 월드컵의 영웅 박지성은 우리나라 국민을 열광시킨 2002년 월드컵의 주역으로 단연 최고의 축구선수다. 박지성이 최고의 축구선수라고 말하는 데는 누구도 이견이 없다. 그러나 월드컵 한국 대표로 선발되는 순간까지도 많은 사람이 박지성이라는 존재를 잘 모르던 때가 있었다. 심지어 박지성 자신도 누군가를 만나기 전까지는 자신이 월드컵을 통해 이렇게 유명한 축구선수가 되리라고는 꿈에도 생각하지 못했다고 한다.

그 사람이 누구일까? 바로 히딩크 감독이다. 영어로는 감독을 '코치'라고 부른다. 히딩크 감독은 박지성이 연습하는 모습을 보면서 그의 성실성과 잠재력을 알아보았다. 히딩크 감독은 박지성 선수를 한국 국가대표 선수로 발탁하여 훈련시켰다. 그리고 마침내 히딩크 감독은 2002년 월드컵 4강 신화를 이루어냈을 뿐 아니라 박지성 선수가 세계적인 선수가 되도록 이바지했다. 박지성 선수는 2006년 독일 월드컵, 2010년 남아공 월드컵까지 대한민국 축구의 중심이었다. 박지성은 그의 책《멈추지 않는 도전》에서 "가장 큰 영향을 미친 분은 역시 히딩크 감독이다. 히딩크 감독을 통해 월드컵에 나갔고 유럽에도 진출할 수 있었다"라고 회고했다. 히딩크 감독은 박지성의 잠재력과 꿈을 실현한 탁월한 코치였다.

애플을 창업한 스티브 잡스는 단순히 애플의 창업가일 뿐만 아니라 스마트폰을 발명하여 21세기 새로운 역사의 전기를 마련한 사람이다. 이렇게 유명하고 똑똑하고 돈 많고 인기 많은 스티브 잡스가 일요일마다 만난 사람이 있었다. 그 사람이 누구일까? 바로 빌 캠벨이라는 사람이다.

이름도 낯설다. 어떻게 스티븐 잡스같이 유명하고 바쁜 사람이 일요일마다 빌 캠벨이라는 사람을 만난 것일까? 그는 대체 누구일까? 15년 동안 일주일에 한 번씩 빌 캠벨의 코칭을 받은 에릭 슈미트(구글의 전 회장)가 그의 가르침을 미래 세대에 전수하기 위해 『빌 캠벨, 실리콘밸리의 위대한 코치』(원제: Trillion Dollar Coach)에서 빌 캠벨을 소개했다.

그는 이 책에서 "애플, 구글, 페이스북, 트위터, 이베이, 인튜이트 등 실리콘밸리의 위대한 기업의 CEO 뒤에는 숨겨진 스승 빌 캠벨이 있었다. 손대는 기업마다 시가총액 1조 달러를 돌파해 '1조 달러의 코치'라고 불렸고, 그가 없었다면 애플도 구글도 지금의 모습이 되지 못했을 것"이라고 말하고 있다.

그렇다. 박지성에게는 히딩크라는 탁월한 코치가 있었고, 스티브 잡스에게는 빌 캠벨이라는 탁월한 코치가 있었다. 그렇다면 우리같이 평범한 사람에게도 히딩크 혹은 빌 캠벨 같은 탁월한 코치가 필요하지 않을까?

결심 진단표와 코칭의 필요성

연말이 되면 많은 사람은 다음 해에 성취할 여러 가지 계획을 짜고 새해를 맞이한다. 그러한 계획 가운데는 다이어트, 운동, 학업, 외국어 공부 등 다양한 제목이 즐비할 것이다. 하지만 굳게 결심한 뒤 시작한 새로운 계획

새해 결심 진단표

번호	새해 결심	현실 상황	못함 (1)	보통 (2)	잘함 (3)
1	다이어트하기	밤 12시네. 야식이 당긴다.			
2	운동하기	이불 속이 더 좋다. 숨쉬기도 운동이다.			
3	책 읽기 도전	책만 잡으면 졸린다.			
4	영어 도전	아… 영어도 안 되고, 한국어도 안 되고.			
5	매일 성경 읽기	성경은 정말로 어려워.			
6	매일 큐티 하기	큐티 하는 것인지, 반성문 쓰는 것인지.			
7	주일예배 참석하기	오늘은 인터넷 예배로 드릴까?			
8	저축하기	저축은커녕 쓸 돈도 없다.			
9	일찍 일어나기	일찍 일어나고 싶은데, 현실은 좀비처럼.			
10	인맥 넓히기	그런데 현실은 핸드폰만 만지작거리고.			
11	연애하기	현실은 드라마 속 배우만 상상하고.			
12	부모님께 연락하기	어쩌다 전화해도 짜증만 나는 이유는?			
13	취미생활 하기	유튜브와 셀카 이외는 글쎄…			
14	술 끊기	스트레스 받는데 어떻게…			
15	담배 끊기	식후 연초를 어떻게 참아?			

들은 늘 '작심삼일'이라는 유행어처럼 우유부단함과 게으름으로 인해 수포로 돌아가곤 한다. 만일 당신이 그러한 사람 중 한 명이라면 코칭이 꼭 필요하다. 앞의 '새해 결심 진단표' 문항을 작성하고 나면 왜 코칭이 필요한지를 알게 될 것이다.

탁월한 코치를 만나기 위한 타임라인 그리기

인생은 소원을 들어주는 지니의 요술램프가 아니다. 요술램프를 문지르면 지니라는 요정이 나타나 "주인님, 당신의 소원은 무엇입니까?"라고 하며 100% 소원을 들어준다. 하지만 이것은 《아라비안 나이트》에 나오는 이야기일 뿐 실제 삶은 완전히 다르다. 또한 인생은 도깨비 방망이도 아니다. "금 나와라 뚝딱! 은 나와라 뚝딱!"처럼 방망이만 두들기면 원하는 대로 나오는 이야기는 전래동화일 뿐 절대로 실제는 아니다. 그러므로 꼭 기억해야 할 것은 인생은 노력하지 않으면 아무것도 이룰 수 없다는 것이다. 영어로 말한다면, "No pain, No crown!"이다.

그렇다면, 탁월한 코치를 만나기 위해서는 어떻게 해야 할까? 먼저 탁월한 코치를 만날 수 있다고 기대하고 꿈을 꿔보자. 그러면 꿈은 마침내 이루어질 것이다. 그러나 저절로 이루어지지는 않는다. 하지만 지금부터 준비하면 탁월한 코치를 만날 수 있다. 탁월한 코치를 만나기 위한 준비로 가장 먼저 인생의 타임라인을 그려보자.

로버트 클린턴의 《영적 지도자 만들기》에서는 영적 지도자들의 타임라인을 소개한다. 크리스천 청소년들에게도 인생의 타임라인이 중요하다. 인

10대	20대	30대	40대	50대	60대	70대
토양 작업	준비	자기 준비	자기 성장	자기 성숙	자기 성찰	자기 완성
성격 형성	다양한 경험과 학습	삶의 방향 새로운 사역	독립적 지도력 사역의 성장	삶의 성숙 전문성 강화	삶과 사역의 성숙	섬김 봉사
가족/친구	동료/멘토/코치	멘토/코치	멘토/코치	멘토/코치	멘토/코치	멘토/코치
			멘티/피코치	멘티/피코치	멘티/피코치	멘티/피코치

생의 타임라인을 그려봄으로써 인생 전체를 통해 하나님께서 어떻게 나를 하나님의 사람으로 세워가시는지를 볼 수 있다.

10대는 토양 작업 시기다. 이 시기에는 가족, 특히 부모의 역할이 중요하다. 20대는 준비 시기다. 다양한 경험과 학습을 한다. 이 시기는 가족과 친구가 중요하고, 멘토와 코치의 역할이 요구된다. 30대는 자기 준비 시기다. 삶의 방향을 결정하며, 새로운 사역을 경험하는 인턴십 시기다. 이 시기부터 멘토와 코치의 역할이 중요하게 드러난다. 그에 비해 40대는 자기 색깔이 드러나는 시기다. 즉, 독립적 지도력이 발휘되는 시기다. 사역의 성장을 경험하고, 자기 은사를 강화하는 시기다. 50대는 자기 성숙의 시기로, 삶의 성숙을 고민하며 전문성이 강화되는 시기다. 그리고 60대는 자기 성찰의 시기로, 삶의 성숙과 사역의 성숙을 이루는 시기다. 70대는 자기 완성의 시기, 즉 타인을 위한 진정한 돌봄과 섬김의 시기다.

위 영적 지도자의 타임라인에서 살펴본 것처럼 10~20대는 다양한 경험과 학습이 필요한 시기다. 이 시기부터 멘토와 코치가 필요하다. 다양한 경험과 학습을 통해 어떤 코치를 만나느냐에 따라 인생의 방향이 달라질 수 있다. 이에 탁월한 코치를 만나기 위한 세 가지 비법을 제시하고자 한다.

첫 번째 비법은 바로 책을 읽는 것이다. 독서를 통해 탁월한 코치들을 만날 수 있다. 우선, 위인전을 읽어라. 특히 우리나라의 위인전을 읽는 게 좋다. 우리 대한민국이 어떻게 생성되었으며, 어떤 고난을 경험했는지, 어떻게 지금의 대한민국이 되었는지에 대한 통찰력과 더불어 대한민국 역사의 위인들을 독서로 만나라. 국내 위인들의 삶을 통해 한국인으로의 정체성과 방향성을 발견할 것이다. 그런 뒤에는 세계 위인전을 읽어라. 세계 위인들의 삶을 통해 세계 역사가 어떻게 형성되고 바뀌어왔는지, 어떻게 세계가 변화되고 있는지를 독서를 통해 만나라. 그들이 당신의 코치가 되어줄 것이다.

두 번째 비법은 바로 여행하는 것이다. 여행을 통해 새로운 사람을 만나라. 낯선 지역, 낯선 언어, 낯선 문화에서 사는 사람들과 어색한 만남을 즐겨라. 할 수만 있다면 세계 여행을 하라. 미국·캐나다 등이 있는 북아메리카, 영국·프랑스·독일 등이 있는 유럽, 러시아·몽골·중국 등이 있는 중앙아시아, 이집트·남아공·가나 등이 있는 아프리카, 필리핀·태국이 있는 동남아시아 등 어디든 가라. 세계 여행할 돈이 없으면 국내 여행도 좋다. 강원도, 경기도, 충청도, 전라도, 경상도, 제주도 등 국내 어디든 가라. 여행을 통해 사람을 만나고, 세계 각국에서 만나게 될 수많은 사람이 당신의 코치가 되어줄 것이다.

세 번째 비법은 성경을 읽는 것이다. 창세기부터 요한계시록까지 나오는 성경의 인물들을 만나라. 성경의 인물들을 통해 하나님께서 온 인류를 향한 놀라운 구원의 계획을 어떻게 성취해나가시는지를 발견하라. 성경 인물들이 당신의 탁월한 코치가 되어줄 것이다.

그리고 가장 중요한 것은 성경을 통해 삼위일체 하나님을 만나는 것이다. 하나뿐인 독생자 예수 그리스도를 아낌없이 내어주셔서 당신을 선택하시고 자녀를 삼으신 영적인 아버지인 하나님을 만나라. 당신을 위해 기꺼이 십자가에서 죽으시고 자신의 핏값으로 당신을 속량하신 성자 예수님을 만나라. 또한 당신의 보증이 되어주셔서 하늘의 신령한 것과 땅의 기름진 것으로 축복해주시는 성령 하나님을 만나라. 성경을 통해 당신을 향한 놀라운 하나님의 사랑을 발견하라. 만유의 주 되시며, 만왕의 왕이신 하나님께서 당신의 가장 탁월한 코치가 되어주실 것이다.

우리는 독서를 통해, 여행을 통해, 성경을 통해 그리고 삶을 통해 위대하고 탁월한 코치들을 만날 수 있다. 탁월한 코치와의 동행을 통해 인생을 배우고, 서로 사랑하고 격려하며, 섬기고 봉사하며, 감사와 희망을 노래하며 하나님 나라의 영광을 위해 하나님의 사람으로 세워져갈 수 있을 것이다.

킹덤 코칭 질문

1. 당신에게 코칭이 필요한 이유는 무엇인가?

2. 당신에게 가장 탁월한 코치란 어떤 의미인가?

3. 탁월한 코치를 만나기 위해 당신이 준비해야 할 세 가지는 무엇인가?

4. 하나님께서 당신의 코치라면 어떤 주제로 코칭을 받고 싶은가?

20
위풍당당한 영적 리더가 되라

김승욱 코치

파워 질문

• '리더'라는 단어를 생각할 때 떠오르는 이미지는 무엇인가?
• 영적 리더와 세상 리더의 가장 커다란 차이점은 무엇일까?

오스왈드 샌더스(J. Oswald Sanders)가 "리더십이란 영향력이다. 즉, 한 사람이 다른 사람들에게 영향력을 미치는 능력"이라고 말한 것처럼 리더십은 한마디로 타인에게 자신의 영향력을 끼치는 것이라고 할 수 있다. 하지만 영적인 리더는 단순하게 영향력만을 끼치는 것으로는 부족하다. 영적인 리더는 사람들의 목표를 세상적인 것에서 하나님의 것으로 전환하도록 영향력을 발휘하는 이들이다.

신명기 3장 28절에서는 "너는 여호수아에게 명령하고 그를 담대하게 하며 그를 강하게 하라. 그는 이 백성을 거느리고 건너가서 네가 볼 땅을 그들이 기업으로 얻게 하리라 하셨느니라"고 말하고 있다. 이는 하나님께서 모세로부터 여호수아에게 리더십을 위임하기 전에 리더로서 무엇이 필요할지 전하신 말씀이다. 그 당시 젊은 여호수아는 믿음은 있었지만 리더로서 필수 요소인 강하고 담대함이 부족했다. 하나님께서는 늘 열정과 인내를 갖추고 결정력마저 뛰어난 자를 리더로서 축복하시므로 모세의 후계자로서 여호수아를 위풍당당한 리더로서 훈련코자 하신 것이다.

세상의 권위에 약해지는 리더는 영적 리더가 될 수 없다. 분명한 것은 리더가 성령으로 충만하다면 삶에서 진정한 의미의 부흥과 변화를 경험하게 될 것이다. 영적인 리더는 하나님과 반대되는 자기 것을 내려놓는 자로서, 세상의 목소리가 아닌 하나님의 말씀에 무릎을 꿇는 이들이다. 크리스천이라고 해서 모두 영적 리더가 되는 것은 아니다. 레위기 17장 9절에서 말하는 것처럼 사람의 마음이 거짓되고 부패하기에 영적 리더는 하나님의 말씀과 성령님의 인도하심에 그의 마음을 두어야 할 것이다. 즉 땅의 것이 아닌 하늘의 것을 추구하고, 십자가의 길을 마다하지 않고 담대하게 달려가야 한다.

그 예로, 미국의 초대 대통령인 조지 워싱턴은 언제나 새벽 4시에 성경을 읽고 기도했다고 한다. 필라델피아 교외에 있는 전투지에서 치열한 전쟁을 벌이고 있을 때 그가 날마다 읊던 기도문이 있다. "하나님, 이 나라를 지켜주실 분은 하나님뿐이십니다. 이 나라의 지도자들이 무엇보다 하나님의 말씀을 사랑하고, 그 말씀에 순종하며, 정직한 생활의 본이 되고, 겸손히 백성을 섬기게 하소서."

또한 하나님의 말씀에 기초해 성령의 도움으로 기도한 대통령으로 유명한 에이브러햄 링컨의 이야기가 있다. 남북전쟁에서 전세가 불리해지자 1863년 4월 30일을 금식일로 선포하고 온 국민의 동참을 호소했다. 또한 병사들을 일일이 방문하여 말씀과 기도를 해줌으로써 그들의 사기를 드높였다고 한다. 결국 영적 리더로서 그의 행보는 남북전쟁에서 승리를 거두게 되는 핵심 요소가 되었다.

그러므로 당신이 강하고 담대한 영적
리더가 되고자 꿈꾼다면 먼저 하나님의 말
씀을 사모하고 성령의 인도하심을 구하는
리더가 되어야 할 것이다. 하나님과의 관계
에서 승리해야만 세상을 감당할 수 있다. 말

씀과 기도로 무장한 리더 한 명이 세상을 바꿀 수 있음을 기억하기 바란다.
그리고 우리는 그를 '위풍당당한 영적 리더'라고 부른다.

내가 잊고 있었던 남다른 최고의 재능은 무엇인가?

남들과는 다른 특별한 재능을 가지고 있다면 당신은 그 재능을 어디 은
밀한 곳에 저장해둘 것인가, 아니면 마음껏 사용할 것인지 궁금하다. 하나님
께서 허락하신 재능, 즉 달란트는 수전노같이 아까워서 조금씩 몰래 꺼내어
사용하기보다는 오히려 백만장자처럼 확실하게 사용하는 것이 나을 것이다.

어떤 사람은 자신에게 재능이 없다고 생각한다. 그러나 모든 사람은 삶

가운데서 자신의 인생을 아름답게 만들 수 있는, 그리고 자신의 목표를 위해 사용할 수 있는 특별한 재능이 있음을 깨달아야 할 것이다. 왜냐하면 그것이 바로 우리를 위한 하나님의 선물이기 때문이다. 70대가 되어서야 그림 그리기에 재능이 있음을 깨닫고 화가로서 발걸음을 시작한 그랜드마 모제스(Grandma Moses)는 열정과 재능으로 백악관에 자신의 그림을 걸어놓을 수 있었고, 101세가 되어 세상을 떠날 때까지 1,600점을 남겨놓았다고 한다. 당신만이 가지고 있는 강점은 무엇인가?

화합	행동	자유	개별화	개발	계획	체계
책임	봉사	판단	부드러움	승부욕	탐구	공감
협력	예술	적응	배움	긍정	미래예측	사랑
신념	존재감	분석	성취	솔직함	융통성	리더십
포용	발상	적응	소통	연결성	전략	심사숙고

하나님께서 선물로 주신 나만의 달란트는 무엇일까?

우리는 무엇을 위해 살아가야 하는가? 그에 대한 대답은 당연히 '하나님 나라의 영광'을 위해서다. 물론 그 영광을 전하는 방법은 전적으로 각 사람에게 달려 있다. 왜냐하면 하나님께서는 각 사람에게 각기 다른 달란트를 허용하셨기 때문이다. 골리앗에 맞서 싸우러 나아갈 때 자신의 갑옷과 칼을 준 사울의 제안을 거절하고 자신이 가장 잘 다루는 물맷돌을 가지고 싸움터로 향한 다윗을 생각해보면 그 답을 알 수 있다.

어차피 달란트, 즉 재능은 하나님께서 각 사람에게 주신 선물과도 같은 것이다. 그렇다면 우리는 다른 사람의 재능을 부러워할 필요도 없고, 선물로 받은 재능을 녹슬게 하기보다는 풍성한 열매를 맺는 데 사용하는 것이 달란트를 주신 그분을 기쁘게 하는 방법일 것이다. 그런데 문제는 자신이 어떠한 달란트를 받았는지 찾아보지도 않고 인생을 헛되게 보내고 있다는 사실이다. 여러분은 어떠한가? 자신의 달란트 혹은 강점이 무엇인지를 알고 있는가?

하나님 나라의 확장을 위해 선물로 받은 나만의 달란트 세 가지 적어보기

_____

_____

_____

_____

당신을 웅덩이에 고인 물처럼 만드는 것이 있다면 그것들은 무엇인가?

'믿음의 조상'이라고 불리는 아브라함을 잘 알고 있을 것이다. 그는 늘 하나님의 말씀에 따라 살아가는 삶의 모습을 보이고 있다. 특히 그는 유목민으로서 다음 삶의 장소를 미리 선택하는 결정을 내려야 했다. 이렇게 함으로써 늘 변화를 추구하는 삶을 살고 있었다. 여기서 궁금한 것이 있다. 그

것은 바로 "언제 그는 삶에서 변화를 추구했는가?"라는 질문이다.

아브라함은 자신의 계획을 바탕으로 삶의 방향을 정하기보다는 하나님의 존귀하신 말씀에 따라 자신의 행보를 결정한 믿음의 선배였다. 솔직히 웅덩이에 고여 있는 물 같은 존재로 생을 마칠 수도 있었는데, 하나님께서 그를 웅덩이에서 건져내시고 하나님의 사람으로 세우신 것이다. 혹시 당신도 지금 웅덩이 같은 곳에 갇혀 있지는 않은지 궁금하다. 혹시 그러한 상황에 빠져 있다면 어떻게 그곳에서 벗어날 수 있다고 생각하는가?

> 현재 나를 웅덩이 속의 고인 물처럼 만드는 것은 무엇인가?
> 어떻게 그러한 상황에서 벗어날 수 있을까?
>
> _____
>
> _____
>
> _____
>
> _____
>
> _____

📍
위풍당당한 리더로서 나아가기 위해 어떤 준비를 해야 할까?

세상 것으로 가득한 '갈대아 우르'에서 살던 평범한 이를 불러내어 하나님께서 예비하신 영적인 축복의 땅으로 이끄신 것을 기억하면서, 우리 또한 "사람이 직접 자기의 길을 계획할지라도 그의 걸음을 인도하시는 이는 여호와"(잠 16:9)임을 믿으며 담대하게 그분의 음성에 순종해야 할 것이다.

솔직히 믿음의 삶은 단순하지 않은가? 계산적이고 복잡한 셈을 하다 보면 순종의 길을 걸어갈 수 없다. 자신을 의지하지 않고, 오로지 하나님의 음성에 따라 한 걸음씩 옮길 수 있는 그 발걸음을 이제 당당하게 떼길 바란다.

> 위풍당당한 영적 리더가 될 준비를 어떻게 하고자 하는가?
>
> _____
>
> _____
>
> _____
>
> _____

킹덤 코칭 질문

1. 평소에 내가 생각한 리더는 어떠한 모습인가?
2. 리더로서 나아가기에 두려워하는 것은 무엇 때문인가?
3. 나를 둘러싼 상황을 극복하는 나의 모습을 볼 때 무엇을 느끼는가?
4. 그렇게 위풍당당한 리더가 된 나는 도대체 누구일까?

에필로그

　미래를 바꾸는 시작은 '인식의 변화'라고 할 수 있다. 특히 팬데믹 이후로 미래는 분명히 다르게 설계되어야 할 것이다. 즉 지금까지 한 방향만을 중요시하던 주입식을 벗어나, 쌍방향의 중요성을 나타내는 소통의 문화 즉 '코칭리더십'이 필요한 시점이다. '인식의 변화'를 유도하는 변혁적 리더십이 있다면, 그것은 바로 '코칭리더십'일 것이다. 왜냐하면 코칭의 과정이 단순히 '치유' 혹은 '문제해결'이라기보다는 신뢰를 바탕으로 하는 '변화의 형성'이라는 큰 틀을 가지고 있기 때문이다.

　차세대의 주인공인 지금의 청년 세대가 아름다운 하나님의 꿈을 키워가기를 기대한다. 삶에서 하나님과 동행하면서 삶으로 예배하는 그러한 세대를 세우는 것은 이 땅 가운데에 선배 세대에게 주어진 책임일 것이다. 무엇보다 그동안 우리 사회에 깊이 뿌리 박혀 있는 수직적인 방향의 삶에서 수평적인 파트너십을 강조하는 삶으로의 변화를 위해서 《킹덤 코칭 스쿨》이 앞장설 것이다.

　그러므로 안개로 가득한 세상의 길에서도 올바른 방향을 찾게 하시고 진리로 인도하시는 예수님을 따라가는 킹덤 세대는 분명히 생명을 얻게 될 것이다. 바로 그러한 생명을 전하는 《킹덤 코칭 스쿨》이 될 것이다. GCLA

에 소속된 모든 프로 코치들은 이 땅의 변화를 위해 달려가는 목회자와 선교사로 구성되어 있다. 이들이 마음을 모아서 다음 세대를 응원하고자 한다. 모든 프로그램은 당신을 공감하면서 사랑으로 경청하고, 파워풀한 질문을 하고 이해하는 시간으로 구성되어 있다. 여러분 모두가 소통의 세대가 되길 기대하고 또한 예수님의 비전을 함께 세울 《킹덤 코칭 스쿨》이 되기를 기도한다.

공저자 한혜정

참고문헌

"가장 이끌기 힘든 사람은 바로 자기자신입니다", 국제제자훈련 존 맥스웰의 리더십골드 특강.

게리 콜린스(2014). 《코칭 바이블》. 양형주 · 이규창 옮김, Ivp.

구자봉(2017). "리더, 행복한 시간 관리", 네이버 블로그 BH성과관리센터.

김무현 · 유상수(2003). 《세속적 세계관 부수기》. 말씀과 만남.

김종호(2011). 《i-EGOGRAM 성격검사》. 대구: 한국이고그램연구소.

_____(2019). 《현대사회와 인간관계》. 대구: 한국이고그램연구소.

김춘경(2018). 《아들러의 인간관계론》. 학지사.

김형곤(2010). 《소통의 힘》. 살림Biz.

나화영(2020). "리더가 조직의 경쟁력을 높여주는 시간관리법", 9월 12일자.

데이비드 A. 노에벨(2021). 《충돌하는 세계관》. 꿈을이루는사람들.

류우열(2012). 《위기에서 보여준 요셉의 리더십》. 쿰란출판사.

류현모 · 강애리(2021). 《기독교 세계관 바로 세우기》. 두란노서원.

마셜 골드스미스 & 마크 라이터(2016). 《행동의 방아쇠를 당기는 힘 트리거》. 김준수 옮김, 다산북스.

마커스 버킹엄. 《위대한 나의 발견 강점 혁명》. 청림출판, 2010.

메르베 엠레(2020). 《성격을 팝니다》. 이주만 옮김, 비잉.

박미윤(2013). "강점을 활용한 코칭 프로그램이 대학생의 구직효능감과 진로준비행동에 미치는
　　　효과". 광운대학교 석사논문.

박정민(2014). "창의적 리더십", 네이버 블로그 CS Leaders관리사 단 한번에 합격하기.

박진희(2013). "나눔의 프락시스에 기초한 기독 대학생 진로상담의 모델 연구". 미출판 박사학위논문,
　　　고신대학교 대학원.

박창규 외(2022). 《코칭 핵심 역량》. 학지사.

박희재(2021). "성경적 리더가 성경적 총회를 세운다", 9월 8일자.

방누수(2014). 《방누수의 독서경영 칼럼》. MK교육센터.

스티븐 코비(2017). 《성공하는 사람들의 7가지 습관》. 김경섭 옮김, 김영사.

"시간 관리하는 10가지 방법". 정보가 가득한 만물상자, 2020년 9월 5일자.

안점식(2020). 《종교 문화》. 죠이선교회.

오브라 맬퍼스(2008). 《리더가 된다는 것은: 성경이 말하는 8가지 리더의 본질》. 안정임 옮김,
        국제제자훈련원.

오토 크뢰거(2002). 《MBTI로 보는 다양한 리더십 로이 오스왈드》. 최광수 · 이성옥 옮김,
        죠이선교회.

윤수영(2015). "진로교육에서의 커리어코칭 활용방안에 대한 연구". 미출판 박사학위논문,
        고신대학교 대학원.

이진우(2014). "[리더십이 경쟁력이다 ⑪]: 리더의 시간관리는 '셀프 리더십'이다". 함병우
        리더십퍼실리테이터 인터뷰, 1월 27일자.

이용주(2020). 《세계관 전쟁》. 성균관대학교출판부.

최염순(1997). "성공의 지름길: 리더의 시간관리", 《한국경제신문》 1월 22일자.

폴 D. 티거, 바버라 배런, 켈리 티거(2016). 《나에게 꼭 맞는 직업을 찾는 책》. 이민철 · 백영미 옮김,
        민음인.

피터정(2011). 《크리스천 청년리더십학교 "워킹험블리"》. 성도출판사.

하비 칸 · 매누엘 오르티즈(2006). 《도시목회와 선교》. 한화룡 옮김, CLC.

한홍(2005). 《시간의 마스터: 성경에서 배우는 리더의 시간관리》. 비전과리더십.

Don Dinkmeyer & Daniel Eckstein (2009). 《격려 리더십》. 이너북스.

Gerard J. Puccio & Marie Mance & Mary C. Murdock (2014). 《창의적 리더십: 변화를 이끄는
        기술》. 이경화 · 최윤주 옮김, 학지사.

Jane Creswell (2006). *Christ-Centered Coaching*. Lake Hickorey Resources.

Linda J. Miller & Chad W. Hall (2007). *Coaching for Christian Leaders*. Chalice Press.

Stan Guthrie (2010). *All That Jesus Asks*. BakerBooks.

Tony Stoltzfus (2005). *Leadership Coaching*. Booksurge Publishing.